大川隆法
RYUHO OKAWA

WINSTON
CHURCHILL

「忍耐の時代」の外交戦略 チャーチルの霊言

本霊言は、2014年3月6日、幸福の科学総合本部にて、
質問者との対話形式で公開収録された(写真上・下)。

まえがき

ここ数年、世界各地で政府対民衆の対立図式が繰り返し現れている。まるで新しい時代の国際政治、外交戦略とはいかにあるべきかを問いかけられているかのようだ。

さてここに、『「忍耐の時代」の外交戦略』と題して、ウィンストン・チャーチルにご登場頂いた。透徹《とうてつ》したリアリストでありながら、「夢」を忘れなかった人物である。

今の国際政治学者に、ここまでズバッと斬《き》り込める人が果たしているだろうか。
「戦争」は結果であり、その前に優れた外交戦略が必要なのである。

二〇一四年　三月十一日

幸福《こうふく》の科学《かがく》グループ創始者兼総裁《そうししゃけんそうさい》　大川隆法《おおかわりゅうほう》

「忍耐の時代」の外交戦略　チャーチルの霊言　目次

「忍耐《にんたい》の時代」の外交戦略　チャーチルの霊言《れいげん》

二〇一四年三月六日　チャーチルの霊示《れいじ》
東京都・幸福の科学総合本部にて

「霊言現象《れいげんげんしょう》」とは、あの世の霊存在の言葉を語り下ろす現象のことをいう。これは高度な悟《さと》りを開いた者に特有のものであり、「霊媒現象《れいばいげんしょう》」(トランス状態になって意識を失い、霊が一方的にしゃべる現象)とは異なる。外国人霊の霊言の場合には、霊言現象を行う者の言語中枢《ちゅうすう》から、必要な言葉を選び出し、日本語で語ることも可能である。

なお、「霊言」は、あくまでも霊人の意見であり、幸福の科学グループとしての見解と矛盾《むじゅん》する内容を含《ふく》む場合がある点、付記しておきたい。

「忍耐《にんたい》の時代」の外交戦略 チャーチルの霊言《れいげん》

二〇一四年三月六日　チャーチルの霊示《れいじ》
東京都・幸福の科学総合本部にて

ウィンストン・チャーチル（一八七四～一九六五）

イギリスの政治家。父は政治家、母は銀行家の娘《むすめ》という名家の出身。第二次世界大戦時、首相として強い指導力を発揮し、国民を鼓舞《こぶ》するとともに、ナチスによる欧州《おうしゅう》支配の野望を打ち砕《くだ》き、連合国を勝利に導いた。ユーモアとウィットに富んだ名演説や名言を数多く遺《のこ》し、戦後、共産主義に対抗《たいこう》すべく西欧諸国の結束を訴《うった》えた「鉄のカーテン」演説が有名。また、『第二次世界大戦回顧録《かいころく》』（全6巻）を発刊し、ノーベル文学賞を受賞した作家としての顔も持つ。

質問者　※質問順

里村英一《さとむらえいいち》（幸福の科学専務理事〔広報・マーケティング企画《きかく》担当〕）

及川幸久《おいかわゆきひさ》（幸福実現党外務局長）

藤井幹久《ふじいもとひさ》（幸福の科学国際本部国際政治局長）

［役職は収録時点のもの］

1　大政治家チャーチルに世界の外交戦略を訊《き》く

以前、サッチャー守護霊《しゅごれい》に代わって意見を述べたチャーチル霊《れい》

大川隆法　今、世界史的に見ても、新しい転換点《てんかん》が近づいているような感じがしますので、今日は、外交に関して、また、将来の指針になるようなものを、何か得られないだろうかと考えています。

当会は、いつも、時代に先立って、ものを言っています。すなわち、「時代はあとからついてくる」ということです。

今日は、ウィンストン・チャーチルを予定しているのですが、二〇一〇年五月に発刊した『民主党亡国論』（幸福の科学出版刊）という本の一章にも出てきたことがあります。

実は、そのとき、「サッチャーが重度の認知症《にんちしょう》になっているから、魂《たましい》が抜《ぬ》けて出てこられるのではないか」という意見があったので、とりあえず本人の守護霊《しゅごれい》を呼んでみたことがあったのです。

しかし、三分間ほど呼んだところ、ようやく出てきた守護霊がドイツ人で、「英語があまり得意ではない」ということだったので、その代役としてチャーチルが出てきてくださったわけです。この方には、過去、さまざまなアドバイスを受けたことがあり、当会の指導霊団《しどうれいだん》に入ってくださっていたので、このときにも来てくれました。

ちなみに、そのサッチャー自身も、昨年（二〇一三年）四月に亡《な》くなられたあと、十数時間後には、約束を守るかのごとく出てきてくださったことがあります（『サッチャーのスピリチュアル・メッセージ』〔幸福の科学出版刊〕参照）。

『サッチャーのスピリチュアル・メッセージ』
（幸福の科学出版）

チャーチルは、数十年の政治家人生を送られ、「先の大戦の軛《くびき》」と「次の戦後体制の構想」にかかわった方です。東京オリンピック（一九六四年）の翌年《よくとし》ぐらいに、九十歳《さい》で亡くなられたかと思いますので、かれこれ四十九年になるでしょうか。おそらく、「天上界《てんじょうかい》に還《かえ》られてから、世界の新しい見取り図をつくる役割の一人として入っておられるのではないか」と感じられます。

「チャーチルに意見を聞きたい」という新聞の要望に応《こた》える

大川隆法　二〇一〇年に『民主党亡国論』を出し、その二年後に民主党政権は野《や》に下っていますけれども、このときにチャーチルは、「次の中国にヒットラー的なものが出てくる」という怖《こわ》いことも言っておられ、早く準備に入るように促《うなが》していました。

今、ウクライナ情勢等も動いていますが、これに関し、昨日《さくじつ》（三月五日）の日経新聞のコラム「春秋《しゅんじゅう》」には、わざわざ、「優《すぐ》れた文筆家でノーベル文学賞も受賞したチャーチルなら、今の世界をどう形容するか。聞いてみたい」と載《の》せていました。「聞いてみたい」というので、聞かせてあげようと思います（会場笑）。

今、はっきり言えば、戦後体制が崩《くず》れようとしているわけです。したがって、「次に、いかなる体制が来るべきなのか」をめぐり、世界各地の「英雄《えいゆう》」と言うべきか、「梟雄《きょうゆう》」と言うべきか、「悪党」と言うべきかは知りませんが、みな、奮《ふる》い立って動き始めているらしいということです。

カーテン」は冷戦を象徴する言葉となった。▼新たな冷戦か――。ロシアがウクライナに軍事介入して以来、欧米メディアではこんな言葉が飛び交う。かつてのような資本主義と社会主義の対立があるわけではない。けれど、冷戦と共通する何かを感じるのだろう。優れた文筆家でノーベル文学賞も受賞したチャーチルなら、今の世界をどう形容するか。聞いてみたい。

日経新聞の名物コラム「春秋」では、チャーチルからの意見を期待する言葉が。（2014年３月５日付）

幸福の科学の「慰安婦《いあんふ》問題」批判に追随《ついずい》する週刊誌

大川隆法　また、今日の新聞には、「週刊文春《ぶんしゅん》」や「週刊新潮《しんちょう》」等の広告が出ていました。これらの週刊誌は、少し前には当会ともけっこうゴタゴタしていたところではありますが、両誌とも、韓国《かんこく》の慰安《いあん》婦《ふ》問題に関しては、「これは、詐欺《さぎ》問題である」というところまで踏《ふ》み込《こ》んできていました。

一年前、「元慰安婦」を称《しょう》する二人の韓国人女性が、大阪《おおさか》の橋下《はしもと》市長と面談し、それを世界に流そうとしていたところを、私のほうで「これは詐欺だ」と断定し、〝阻止《そし》〟した記憶《きおく》があります（『神に誓《ちか》って「従軍《じゅうぐん》慰安婦」は実在したか』〔幸福実現党刊〕参照）。

朝日新聞記者・植村隆氏が韓国特派員時代に執筆した慰安婦記事（1991年8月11日付）で、「女子挺身隊」の名で戦場に強制連行された従軍慰安婦などと記述されたことが発端となり、韓国メディアが慰安婦問題を次々と取り上げるようになった。しかし、同年に「元慰安婦」と称する韓国人たちが起こした補償裁判の訴状との食い違いが見られ、遺族会会長・梁順任氏を義理の母に持つ植村記者によって記事が捏造された疑惑が持たれている。なお、義母は裁判費用を詐取した疑いで起訴されている。

『神に誓って「従軍慰安婦」は実在したか』（幸福実現党）

あれから一年近くたち、「従軍慰安婦」の元の記事を書いた朝日新聞記者が批判されています。その記者は韓国人と結婚《けっこん》したようなのですが、義母《ぎぼ》が遺族会（太平洋戦争犠牲者《ぎせいしゃ》遺族会）の会長をしており、「日本支配時代に生きていた人は、とにかくこれに参加さえすれば、日本から補償金《ほしょうきん》を取って撒《ま》いてやる」というようなことを言って、詐欺で起訴《きそ》されたことが報道されています。

そういう事実があるにもかかわらず、韓国の大統領は、相変わらず、その路線で日本を恫喝《どうかつ》しながら、お金を巻き上げようとしているわけです。

自分の発言をまとめた霊言本《れいげんぼん》の発刊が不服な朴槿恵《パククネ》守護霊《しゅごれい》

大川隆法　昨日《きのう》、朴槿恵《パククネ》大統領守護霊《しゅごれい》の霊言《れいげん》（『守護霊インタビュー　朴槿恵韓国大統領　なぜ、私は「反日」なのか』〔幸福の科学出版刊〕参照）が、私の手元に届き、もうすぐ発刊になると思いますが、二本分の霊言を一冊にぶち込んだため、当会の霊言集としては格別の〝太巻《ふとま》き〟になりました（会場笑）。

それを昨日の夕方から読み始めたら、体が急に重くなり、読めなくなってきたので、「ああ、これはおかしいな」と思い、念のため、調査に入ったところ、また〝ご本人様〟が来ておられて、一時間半ほど頑張《がんば》られたのです。

「あなたの話したとおりに本をつくったのに、何の文句《もんく》があるのか」と言ったのですが、「いや、言ったことは言ったけども、結論が違《ちが》う」と言うわけです。「『これだけ言っているんだから、日本は謝罪し、三兆円払《はら》うべきだ』と書け。それなら、正しい方向だけど、せっかく言ったのに、何だか私が悪いみたいに書いてある。この書き方はなっとらん」と、一時間半ぐらいごねていたので、結局、お引き取り願いましたが、「これはもう、あかんわ」という感じでした。

特に、私が「まえがき」に、「韓国の教育レベルはまだまだ遅《おく》れており、世界から孤立《こりつ》している点では、北朝鮮《きたちょうせん》と大差ないようである」と書

『守護霊インタビュー 朴槿恵 韓国大統領 なぜ、私は「反日」なのか』（幸福の科学出版）

いたので、どうも、だんだんそれが現実に近づいていているような感じがしています。〝歴史認識〟なるものも、「まったくの捏造《ねつぞう》の歴史を教えているのではないか」と感じられます。

ストライクを連発する「陰《かげ》のヒットメーカー」として

大川隆法　そういうことで、当会は非常に変わったことを言うようにも見えて、次第《しだい》しだいに、落ち着くべきところに、すべての〝弾《たま》〟が落ち着いていっており、一、二年あるいは数年の範囲《はんい》で見ると、ボウリングで言えば、ほぼ「ストライク」ないしは、「スペアで全部倒《たお》す」というぐらいのところに入っているのではないでしょうか。

今、週刊誌や新聞等も、当会からの引用と書かずに、いろいろと引用したり、影響《えいきょう》を受けているようで、「当会の本をタネ本にしたドラマ等が次々と仕込まれている」という噂《うわさ》も出ています。つまり、今、〝陰《かげ》のヒットメーカー〟にはなっているのでしょう。「表に出てくるのは時間の問題か」と考えています。

そのようなわけで、現政権および野党、その他、マスコミのみなさんや、投票をされるみなさんの参考にもなるように、今後の未来について、何らかの意見を提供していきたいと思うのです。

ウィンストン・チャーチルを招霊《しょうれい》する

大川隆法　今日は、全体を代表できているか分かりませんけれども、今、日本とイギリスとは何らかの係争問題を抱《かか》えてはいないため、イギリスの人なら、比較的《ひかく》、客観的な目で見えるのではないでしょうか。そこで、チャーチルをお呼びして、さまざまなことを質問し、「天上界からの目で何が見えているのか」をお教えいただきたいと思います。
幸いなことに、なぜか日本語で話ができるのです。光の天使であるために、認識がスッと同通《どうつう》するのでしょう。あるいは、新たなチャーチルの秘密か何かがあるのかもしれませんが、とりあえずお聞き申し上げたいと思いますので、よろしくお願いします。

里村　分かりました。

大川隆法　それでは、イギリスの政治家にして、イギリスの自由党あるいは保守党において大きな功績を遺《のこ》されました、ウィンストン・チャーチル氏をお招きし、幸福の科学総合本部において、今後のわが国および世界の外交戦略に関するご意見を賜《たまわ》りたく存じ上げます。

ウィンストン・チャーチルの霊《れい》よ。

どうか、幸福の科学総合本部に降りたまいて、われらに、そのご高見をお聞かせください。

ウィンストン・チャーチル元首相の霊よ。

どうか、幸福の科学総合本部に降りたまいて、われらにその見識を知らしめたまえ。

（約十五秒間の沈黙《ちんもく》）

2 「新しい冷戦の始まり」をどう見るか

二度目の登場で霊人《れいじん》への〝おもてなし〟に苦言を呈《てい》する

里村　ウィンストン・チャーチル元英国首相でいらっしゃいますでしょうか。

チャーチル　そりゃあそうだろうよ。

里村　はい（笑）。ありがとうございます。

チャーチル　うーん。

里村　今日は……。

チャーチル　葉巻《はまき》が欲《ほ》しいぐらいだ。ハッ！（葉巻を口にくわえるしぐさをする）

里村　ああ（笑）……。

チャーチル　君らは、まったくサービス心が向上しないね。

里村　はい（笑）。前回の霊言《れいげん》でお呼びした方（劉邦《りゅうほう》）からは、「お酒が用意されていない」というように言われたのですが……。

チャーチル　はあ……。

里村　では、今度は、葉巻をご用意させていただきます。

チャーチル　やっぱり、来る度《たび》に、接待の〝おもてなし〟のレベルが上がらないといかんのじゃないかなあ。そうしないと、リピート客っていうのは、なかなか出んかもしらんな。替《か》え玉《だま》を送り込《こ》まれても、もう、しょうがないんじゃないか。

里村　かしこまりました。それでは、この〝会見〟のあとに、ご用意させていただきたいと思います（会場笑）。

チャーチル　「心のなか」でな。

里村　いえいえ（笑）。

チャーチル　ハッハッ。

ロシアのウクライナ軍事介入《かいにゅう》は「新しい冷戦の始まり」なのか

里村　チャーチル元首相におかれましては、実は四年近く前に、短い時間ではございましたが、一度ご降臨いただきまして、中国の情勢、あるいは日本の危険な状態等について、当時のご見解をお聞かせくださいました（前掲《ぜんけい》『民主党亡国論』参照）。

チャーチル　うーん。

里村　国際情勢は、本当に、ほぼそのとおりに進んでおりまして、中国の危険性もかなり露《あら》わになり、やっと、日本人の多くも、そのことを知るようになってきたという状態でございます。

『民主党亡国論』
（幸福の科学出版）

さて、実は、昨日《さくじつ》の三月五日は、チャーチル元首相が、あの有名な「鉄のカーテン演説」を行われてから六十八年目に当たります。

チャーチル　うーん、あちこちでそういうふうに言うてるな。

里村　はい。そして、ちょうど今、ロシアがウクライナのクリミアのほうに、軍事的に介入《かいにゅう》をしており、日本、あるいは世界、欧米《おうべい》のマスコミからは、「新しい冷戦の始まりか」というような声も聞こえてきております。

そこで、改めて、チャーチル様の「お名前」というものが、非常に、人々の言葉に上がってきたところです。

チャーチル　うーん。

里村　今日は、少し大きなテーマからになりますが、今回の、ウクライナ・クリミアへのロシアの介入等の情勢について、はたして、これが「新しい冷戦」の始まりなのか。それとも、そうではないのかということも含《ふく》め、まず、チャーチル様のご意見をお伺《うかが》いしたいと思います。お願いいたします。

チャーチル　いやあ……、まあ、そらあ、世界の権力構造が変動しようとしていることは事実だわなあ。

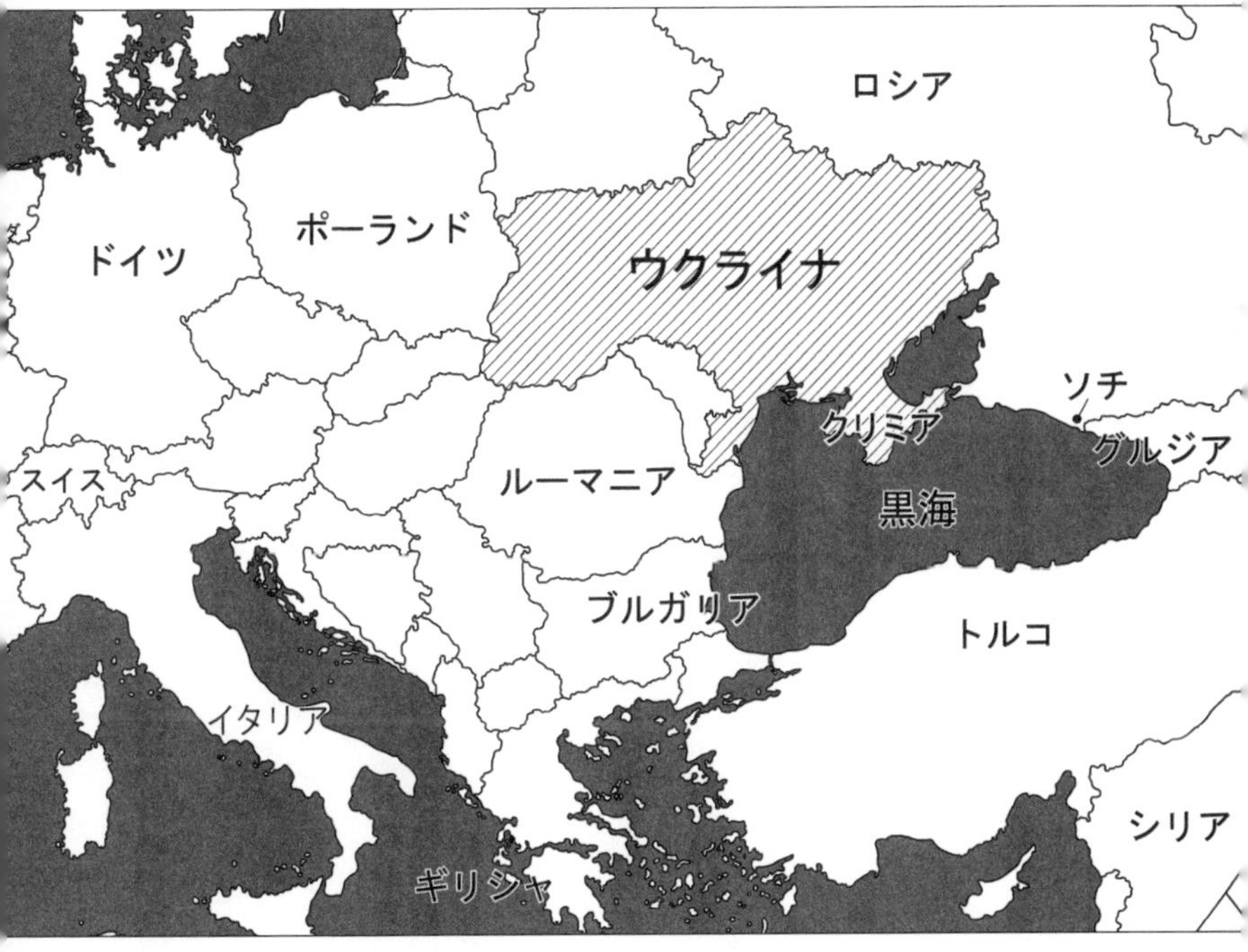

「新しい冷戦」の舞台ともいわれるウクライナ。クリミア半島は黒海に面している。

でも、「新しい冷戦」っていうのは、ちょっと考え違《ちが》いだと思うな。客観的にはねえ、「ウクライナっていう国が、経済的にうまく立ちゆかなくなったから、EUのほうとの結びつきを強くするのか、元々のロシアとの結びつきを強くするのか、どっちを選ぶか」っていう問題だ。だから、「経済問題でどっちを選ぶか」っていう問題なんだよ。

「EUかロシアか」で揺《ゆ》れているウクライナ

チャーチル　それで、（ウクライナを）追い出された、あの、何とかビッチさんはさあ……。

里村　ヤヌコビッチ大統領ですね。

チャーチル　いやあ、そうだよ。変な名前だな。まあ、あの、何だ？　ヤメルコビッチ？　ええ？

里村　（笑）

チャーチル　なんか知らんが、その〝ビッチ〟さんは……。「ウィッチ」は英語で魔女《まじょ》だがな、「ビッチ」はドイツ語でもあれだなあ……。英語でも「ビッチ」ってよくないねえ。

里村　はい。

チャーチル　サノバビッチ（相手を侮辱する英語表現）。うーん、悪い言葉だ。

ビクトル・ヤヌコビッチ（1950～）
ウクライナ第４代大統領。2013年、EUとの協定調印を見送った大統領に抗議する大規模デモが発生し、騒乱が拡大。2014年２月、ヤヌコビッチは首都を脱出。議会は大統領の解任を決議した。

里村　はい。悪い言葉でございます。

チャーチル　（ウクライナの）〝ビッチ〟はだなあ、要するに、ＥＵから金をもらうのと、ロシアからもらうのと、どっちが得か迷って、まあ、ロシアとも、よりを戻《もど》して、もうちょっとパイプを太くしようかと思うとったわけだ。

だけども、「出してくれる」っていう金の額を聞いて、金額的に見たらＥＵのほうが（ロシアの）倍ぐらいあったっていうんで、みんながＥＵのほうに雪崩《なだれ》を打って行こうとして、追い出されかかったわけよね？

それで、ロシアのほうは、「うちとの関係はそんなもんじゃねえだろうが？」ということで、「もともとの連帯から見て、ＥＵなんていうような烏合《うごう》の衆《しゅう》の集まりに頼《たよ》ったところで、いつどうなるか分からんぞ。やっぱり、ロシアにつながっていればこそ生きていけるんだ。何なら、パイプラインを止《と》めてやろうか」というふうな（笑）、まあ、ところだわな。

だから、これは、レベル的には、「経済戦争レベル」であるんで、現実には、「鉄のカーテン」なんていうほどのもんではないなあ。

これよりも、ウクライナの国民が、「どっちが得か」という利益で考えてるところだな。いやあ、経済なら経済で割り切ったらいいよ。どっちが得か割り切ったらええと思うよ。

EUだって、そんなに自慢《じまん》できるような状態じゃありませんよ。いいところはちょっとだけで、あとはもう、破綻《はたん》国に近いのがゾロゾロおるからねえ。その破綻国のなかに入れられるだけでしょう？

里村　ええ。

チャーチル　この前、地中海沿岸の国がいっぱい泣きついて、ね？　潰《つぶ》れかけとったところばっかりじゃないの？　ねえ？

里村　はい。

チャーチル　それにウクライナがさらに加わって、ぶら下がろうとしてるだけだろ？（ＥＵに）それだけの力があるかっていうことだなあ。うーん、「ドイツは、そんなに助けてくれるんかい」っていうような話だろうな。

「練達《れんたつ》の士」のプーチン大統領なら「どうにでもできる」

チャーチル　あと、やっぱり、ロシアのほうは、「くっついとくと、ええことありますよ」っていうことだな。近いし、あそこは穀倉地帯だしな。そういう意味で、歴史的には、言語は多少違う部分もあるけど、ロシア人もだいぶ住んどるし、やっぱり、ロシアにとって、南に出るほうは魅力《みりょく》的だからねえ。そういう意味で動いとるっていうところはあるわな。

だから、オバマが〝ピンボケ〟しとるだけで、わしは、「冷戦」なんて思ってないよ。

シリアでも、オバマがプーチンに、赤子《あかご》の手をひねるようにやられてしもうたけど、たぶん、ここでもやられるわ。やっぱり、キャリアが全然違う。独裁者としてのキャリアが全然違うから、もう好きなようにできるっていうか、(プーチンは)「練達《れんたつ》の士」だな。押《お》しも引きも、どうにでもできる。

ウラジーミル・プーチン(1952 ～)
ロシアの政治家。旧ソ連のソ連国家保安委員会(ＫＧＢ)等で活躍したのち、エリツィン政権の末期に首相となり、その後、大統領を２期務めた。憲法上、連続での三選が禁止されているため、メドベージェフ大統領の下で首相に就任したが、2012年３月の大統領選で三選を果たした。親日家として知られ、柔道では五段の段位を持つ。(『ロシア・プーチン新大統領と帝国の未来』〔幸福実現党〕参照)
(写真：2006年 APEC 首脳会議で安倍首相と会談するプーチン大統領)

3 「まもなく日本にいいことが起きる」

プーチン大統領の行動で世界が「面白《おもしろ》い動きになる」

チャーチル　（ロシアの動きは）たぶん、これは、面白《おもしろ》いことを意味する。

だから、中国と同じくだね、ある意味、アメリカの覇権《はけん》を、また別のかたちで揺《ゆ》さぶっているわけで、世界の覇権の行方《ゆくえ》が流動化することを意味しているわけだ。

それで、プーチンはプーチンなりにだなあ、「中国だけが次の挑戦《ちょうせん》国、覇権国じゃないぞ」と言うてるわけだ。

これは、ある意味で、中国に牽制球《けんせいきゅう》を投げると同時に、ヨーロッパにも牽制球を投げておるよな。

里村　ええ。

チャーチル　でも、これはたぶん、面白い動きになるよ。

里村　面白い動きになる？

チャーチル　うん。たぶん面白い。

里村　どのような動き……。

チャーチル　日本にとっては、必ずしもマイナスにはならない。

里村　はあ!?

チャーチル　日本が、正面切ってアメリカに盾突《たてつ》いたら、アメリカとの関係は、たぶん利害的にはマイナスに働くようになると思うが、アメリカが拳《こぶし》を振《ふ》り上げて、「ロシアを制裁してやる。Ｇ８から外してやる」とか言っといて、できなかった場合には、発言力がさらに後退していくわな。

「じゃあ、尖閣《せんかく》を守ってくれるのか」「北朝鮮《きたちょうせん》に何かあったら守ってくれるのか」「もし中国が攻《せ》めてきたら守ってくれるのか」っていうことに対する（アメリカの）クレディビリティー（信頼性《しんらいせい》）は、いっそう後退する可能性が極《きわ》めて高いわなあ。

里村　はい。

チャーチル　そして、プーチンは、この前、中国との会談で、中国と連携《れんけい》することを拒否《きょひ》してるよな。

里村　ええ。

チャーチル　もうこれは、日本に〝大技《おおわざ》〟を仕掛《しか》けてくる前触《まえぶ》れだわね。「北方四島が日本に還《かえ》ってくる日は近い」？

チャーチル　この前の、ソチでの冬季オリンピックでは、安倍《あべ》さんだけは（開会式に）来てくれたわなあ。

里村　行きました。

チャーチル　あとは、アメリカからヨーロッパから、もうみんな、開会式に来てくれんで、恥《はじ》をかかせたよな？

里村　はい。行きませんでした。

チャーチル　もう、見事に恥をかかせて……、特に、「ウクライナであんなに揉《も》めていて、ロシアもそれに一枚嚙《か》んでるじゃないか。平和の祭典のときだから、政治がそういうことをするのはよろしくない。平和の祭典のときに、そういう政治騒動《そうどう》をやるのは、ヒットラーと同じじゃないか」っていうような言い方かな。

里村　ええ。

チャーチル　まあ、そうだろうけど、ロシアから言わせたらさあ、「平和の祭典だからこそ、そんな政治問題は別にして、スポーツはスポーツで、ちゃんと来てやるべきだ」という考えだわな。

だから、安倍のあれは賢《かしこ》かったな。ちょっと恩を売った。

北方四島が、まあ、どういうかたちで解決になるかは知らんが、何らかのかたちで還《かえ》ってくるぞ、もうすぐ。うん、うん。

里村　ほう！

チャーチル　還ってくる。わしがプーチンならそうするから。

里村　ええ。

2014年２月、ロシアのソチで行われた冬季オリンピックの開会式に出席した安倍首相。

チャーチル　まあ、二島から返してくるかどうかは分からんけども、とりあえず、返してくるかたちになって、竹島《たけしま》と尖閣のところ？　今、あなたがたが抱《かか》えている領土紛争《ふんそう》のところに、あいつは揺さぶりをかけてくるから。

里村　ちょうど今秋に、プーチン大統領が日本に来る予定です。

チャーチル　そうそう。これがアメリカとの綱引《つなひ》きなんですよ。今、アメリカが、日本にちょっと冷たくて、中国との間をユサユサ揺さぶられてるからさあ。

里村　はい。

チャーチル　プーチンのほうが老練《ろうれん》なんでね、よう分かってるのよ。日本のニーズをよう分かってる。よく分かってて、オバマさんに見えてないところが、よう見えてる。こちらのほうがよく見えてるんで、逆に、今が接近のチャンスだよ。

彼らにとっても、中国の大国化は十分な脅威《きょうい》であるからね。十分怖《こわ》いから、その意味では、(日本に)接近してくると思うので、〝技〟をかけてくる可能性は高いね。極めて高い。

里村　はあ、なるほど。

チャーチル　だから面白いよ。本当。

里村　はい。

今がチャンスの安倍《あべ》首相がすべきこととは

及川　今の日本のマスコミからは、せっかく安倍《あべ》さんがロシアと近づいたのに、こういうことが起きてしまいましたし、また、これに対して、オバマさんが激しく反応をされているということで、安倍さんにとっては窮地《きゅうち》のように言われているのですが……。

チャーチル　いや、そんなことない。

及川　逆なんですね？

チャーチル　逆だ！　チャンス、チャンス、チャンス、チャンスだ。逆転、大逆転。大逆転になるチャンスだと思う。

及川　そうしますと、チャーチル元首相でしたら、今の安倍政権には、具体的に「どうせよ」とアドバイスされますか。

チャーチル　やっぱり、まずは（ロシアと）「平和条約」を結びますね。

里村　はい。

チャーチル　「平和条約」と、両国の経済促進《そくしん》のための具体的な内容がある、何らかの「協定」を、やっぱり結ぶでしょうねえ。

まあ、少なくとも、シベリア・サハリン地域も含《ふく》めての開発を共同でやって、エネルギー供給も兼《か》ねてのパイプを結ぶ。

昔の日ソ中立条約じゃないけど、（プーチンは）「いざというとき、場合によっては協力し合う関係もつくろうじゃないか」っていうぐらいまで持ってくる可能性は高いね。

要するに、「アメリカが日本を守らんかったら、ロシアだって協力してもええ」っていうぐらいの感じで攻めてくると思うな。

オバマ氏は日本に「事《こと》なかれ主義」を押《お》しつける

里村　ということは、日本側も、やや積極的に、そういう姿勢を示してもいいと。ロシアに対して近づいていくというか……。

チャーチル　うん。そら、北朝鮮や韓国《かんこく》は困るだろうよ。ロシアが日本に近づいたら困らないか？

里村　はい。困ります。

チャーチル　中国だけが頼《たよ》りで、何とかしてアメリカを籠絡《ろうらく》しようと、今、考えてるんやろ？

里村　はい。

チャーチル　アメリカも、表面的な利益では揺さぶられるけどさあ、深いところでは中国を信じてるわけじゃない。ただ、民主党政権っていうのは、とっても薄《うす》っぺらな政権だからね。あっちも、歴史認識の浅い政権だから。

まあ、結局、オバマさんは、内政向きの人間なんだよ。国民の権利、黒人の権利を高めることが頭の中心にあって、それで頭がいっぱいだからさ。本当は。

外交問題なんかできるだけ切って、軍事問題もできるだけ減らして、内政のほうを充実《じゅうじつ》させたいっていうのが本音さ。

本当は、〝福利厚生《こうせい》大統領〟なんだよ。

里村　ええ。

チャーチル　だから、外交的には、この前の、オサマ・ビン・ラディンを闇討《やみう》ちした以外は、特にそんなにないし、ああいうアパッチみたいに襲《おそ》うのは得意なんだけど、大きな金《かね》を使って戦うのは、あんまり好きではないので。

だから、日本には、「事《こと》なかれ主義」を押《お》しつけてくるわなあ。

「中国とも韓国とも争いごとを起こさんでくれ」みたいに必ずするのは、まあ、要するに、「金がか

オサマ・ビン・ラディン
（1957～2011）
イスラム原理主義の過激派の活動家で、軍事組織「アルカイダ」の元司令官。「9・11」の同時多発テロの首謀者とされている。パキスタンの首都イスラマバード郊外に潜伏していたが、米特殊部隊によって殺害された。（『イスラム過激派に正義はあるのか』〔幸福の科学出版〕参照）

からんようにしてくれ」っていう依頼《いらい》ですわ。それは、「いざというとき、本当に守ってくれるかどうか」っていうことに対して「確約はできん」ということだと思う。だから、（オバマ大統領の）下に、あの、ドイツの名前みたいな、ヘーゲルだか、何だか……。

里村 ヘーゲル国防長官。

チャーチル ああ、あんな〝アンポンタン〟はおるけどさあ。あのノータリン。

里村 はい（苦笑）。

チャーチル あんな三流男しかおらんっていうのも、かわいそうやなあ。アメリカも人材が枯渇《こかつ》したわのう。

●チャック・ヘーゲル〈1946 〜〉アメリカ共和党の政治家。2013年から国防長官。

里村　むしろ、アメリカの軍事予算の削減《さくげん》のほうに一生懸命《いっしょうけんめい》な……。

チャーチル　ええ。二流の人物や三流の人物しか使えないんだよ。

里村　ああ……。

チャーチル　うーん、残念だけどなあ。

地政学的に「ウクライナとロシアの協力関係」は悪くない

里村　例えば、二〇〇〇年代前半に、アメリカがイラク戦争を行いましたが、世界貿易センタービルでテロが起きたとき、日本の小泉《こいずみ》首相がいち早く、アメリカのブッシュ大統領に対して「強く支持する」と表明し、日米の絆《きずな》が非常に強くなりました。

今、アメリカのオバマ大統領は、「経済制裁等でロシアを孤立《こりつ》させる」と言っていますが、今のチャーチル元首相のお言葉からいいますと、これに対しては、日本の安倍首相が一緒になって同調するべきではないと？

チャーチル　ああ、無理、無理、無理、無理。もう、オバマさんは〝レームダック（死に体）〟です。ほとんどな。首を絞《し》められる前のガチョウみたいな状態なので、もう、言うことはきかないですよ。まあ、ほとんど口だけですから。実際には、実行力がほぼないので。

実際に、クリミアにアメリカ軍を十万人も派遣《はけん》するんですか。そんなことはできますか？

里村　できません。

チャーチル　泥沼《どろぬま》ですよ。

里村　はい。

チャーチル　もう、向こう（ロシア）は地続《じつづ》きなんですからねえ、延々《えんえん》とやれますから。（アメリカは）できるわけないじゃないですか。「口だけで引っ込《こ》んでくれればいい」っていうことでしょ。まあ、プーチンも、多少、駆《か》け引きはするでしょうけどね。

ただ、私はね、地政学的に見れば、やっぱり、ウクライナとロシアが協力関係にあることは、悪いことではないと思ってるよ。地続きだし、実際に、南で豊かな穀倉地帯だし、黒海《こっかい》のほうにも通じてるところであるから、ロシアにとっては大きなところだ。

（ロシアが）シリアにあれだけ固執《こしつ》した〝あれ〟を見ればね。地中海沿岸でロシアの軍港があるのは、シリア一つだったから。

里村　はい。

チャーチル　（シリア）政府が十何万人殺そうが、どうしようが、とにかくロシアは、自分らの国益を守るために、あそこの政府を潰《つぶ》すわけにはいかんかったわけで、そうしないと、海洋戦略がまったく立たなくなるからね。

だから、このへんに対する執着《しゅうちゃく》はすごくあるわねえ。

そういう意味で、プーチンは、半面は「悪役」に見えるけれども、もう半面は日本にとって、たぶん、「すごくいいこと」になると思う。

4　プーチンは何を目指しているのか

「実に賢《かしこ》い男」というプーチン大統領への高評価

里村　今、早くも、欧米《おうべい》のメディア等の一部で、「プーチンはヒットラーの再来だ」ともいわれています。

チャーチル　そんなことない。そんなことない。そんなことない。

里村　そんなことはない？

チャーチル　うん、うん。実に賢《かしこ》い男だ。実に賢い男だよ。オバマさんよりは、はるかに、はるかによく物事が見えている。

里村　はい。

　バラバラなEUに比べて、「即《そく》、決断ができるロシア」

里村　「はるかに見えている」というところにポイントを当てますと、先ほど、チャーチル元首相は、「むしろ、地政学的にロシアとウクライナの結びつきが強いほうがいい」とおっしゃいました。その「地政学的に」というのは、どのような理由でしょうか。

チャーチル　うーん……。だいたい、ヨーロッパとはね、一部、接しているところはあるけども、ヨーロッパ連合のEUはバラバラですからねえ。はっきり言って、バラバラなので、みんな、いざというときに、「ウクライナみたいなのを助けるのか。助けないのか」みたいになってきたら、そんなもの、民主主義でも何でもええけどさあ、もう会議して多数決で決めたって決まるようなもんじゃないけども。ロシアだったら、即《そく》、決断ができることです。

今、ロシア全体は上向《うわむ》きになっているので、力を取り返しつつある。それで、「言論の自由も、信教の自由も戻《もど》ってきている」ということで、そうした独裁国家のほうに向かっているとは、私は思わない。

国家としては、昔のソ連と比べて、いい方向に向かっていると思っているし、やっぱり、中国を牽制《けんせい》する意味では、ロシアがもう一段、力をつけたほうがいいと思う。客観的にはね。

里村　なるほど。

勢力圏《けん》拡大に動くロシアをどう捉《とら》えるべきか

里村　実は、一昨年《いっさくねん》、トルストイ様にこの場に降臨いただいて、お話をお伺《うかが》いしました（『トルストイ——人生に贈《おく》る言葉』〔幸福の科学出版刊〕参照）。

そのときに、「ロシアが、中国、北朝鮮《きたちょうせん》、韓国《かんこく》、さらにパキスタン、シリア、そして中東の国と結びついて、自由で繁栄《はんえい》する勢力圏《けん》とは別に、貧しさの平等のような方向で勢力圏を築こうとすると、新しい大戦のきっかけにもなるかもしれない。ここを少し気をつけるように」という旨のお言葉があったのでございますが、このへんについては、チャーチル様は、どのように見取り図として……。

チャーチル　だからね、アメリカが「世界の警

『トルストイ―人生に贈る言葉』
（幸福の科学出版）

察官」をもうやめたんでしょう？　そして、アジア太平洋圏だけのほうに、今、撤《てっ》退《たい》していこうとしているんでしょう？

そうしたら、中央アジア付近からイスラム圏に接している部分のところに、今後、いろんな紛争《ふんそう》が起きてくる場合、「じゃあ、どうするのか」ということですね。

アメリカは、イスラム圏に派兵するのは、ほんとは二度とご免《めん》なんですよ。もう十年以上、テロ警戒《けいかい》で精神状態が異常になっているんですよ、はっきり言って、アメリカ人は。

あちらのアラブ圏の人の顔を見るだけで、もう、みんなテロリストに見えるんでね。空港で、目の〝あれ〟を撮《と》ってさあ、何だか知らんが、虹彩《こうさい》のやつかあ（虹彩認識）？　あれを撮ったり、指紋《しもん》を採《と》ったり、まあ、ちょっと囚人《しゅうじん》みたいでおかしいですけど。

もう、自由の国じゃなくなってきて、ちょっと異常になっているわなあ。

だから、どこかが引き受けなきゃいけない。ヨーロッパのほうが引き受けられるか、それか、あのへんが引き受けるかですけども。

ヨーロッパのほうも、おそらく、ＥＵは今のままでは立ちゆかなくなるだろうとは思う。

やっぱり、ドイツがね、もう一段、力を持たないと、復興してこないと駄目《だめ》だろうなと思うけど、ある意味で、日本と同じ状態にあるのでね。「ドイツは悪い国だから、政治的、軍事的に主導権を持ってはいけない」ということになっとるからね。まあ、そのへんがもう一段の力を持たないと、ヨーロッパのほうも、ドイツが今、なんか経済的にだけ持っていかれるようなかたちになっているからさあ。うまくいかないだろうと思うわな。

まあ、流動化しているのは、そうなんだけど、「ロシアは、かつてのソ連のようなかたちになる」とは、私は思っていないのでね。

そうしたイスラム圏に接する部分のところに勢力を拡張することはあろうし、シベリア地区を含《ふく》めて、日本に接近してくる部分はあろうと思うけども、これはアメリカが後退する部分を補完する意味では必要なことなんじゃないかなと、私は思うけどね。

ロシアに「新しい考え方」を導入するべき

里村　どちらかというと、日本の政治家、あるいはマスコミ等では、中国の覇権《はけん》に関しては、比較《ひかく》的あまり騒《さわ》がないですし、何となく黙視《もくし》しているような感じですが、ロシアに関しては、伝統的に「覇権主義への危険性」や「警告」のようなことをよく言うのです。

こういうものに対して、安倍《あべ》政権などは、あまり揺《ゆ》さぶられないほうがいいと？「乗せられないほうがいい」ということですか？

チャーチル　それは遅《おく》れてるんだよ。ロシアというか、ソ連が崩壊《ほうかい》してももう二十何年になるんだよ。

だけどねえ、お偉方《えらがた》でいる人たちは、米ソの冷戦時代にねえ、若い時代を送った人たちばかりなので、米ソの冷戦ばかり勉強した人たちが、今、上役《うわやく》でみんな残ってんのさ。

そのころは、中国なんていうのは、まったく対象外だったんでね。そうした危機の対象外だったし、発展途上国《とじょう》だったんでね。

だから、頭がもう古いのさ、学問が。

ロシアは今、経済的な序列で見たら、もう韓国と競争しているぐらいのレベルですから。こんなもんであってはいけないわな。本来はね。本来は、もうちょっと強くなっていいわねえ。上位にまで行かないといけないでしょうね。

いやあ、プーチンは今、それをやろうとしているところですけども。上がってくると思いますよ。だけど、新しい考え方を導入しなきゃいけないね。そうした経済原理について、もう一段、引っ張っていくだけの力が必要だわねえ。

5 「戦後レジームからの脱却《だっきゃく》」の意外な主役

「対中国包囲網《ほういもう》」をつくるためにはロシアが必要

及川　では、そういうなかでの日本外交の今後のあり方なんですが、今、おっしゃったように、アメリカが後退していくなかで、日本は新たな世界のリーダーの一つとして、このウクライナの現状に対して、特にロシアとの関係に対して、どういう考え方を持つべきでしょうか。

チャーチル　私は、ロシアのプーチンをヒットラーのように捉《とら》えないほうがよいと思いますね。

あのソチ・オリンピックに安倍《あべ》さんが行ったことは、実に先見性のある行動だった。みんな、よそは行かないのを知っていて、行った。それは「対中国包囲網《ほういもう》」をつくるためには、ロシアが必要だからだ。

やっぱり、「背後にある国」がいちばん怖《こわ》いですからね。だって、「太平洋に出ていこうとしたら、後ろにいる」っていうのは怖いですよね。「軍事的にそちらだけ行こうとして、背後から（攻撃《こうげき》される）」っていうのは、いちばん怖いですからねえ。

かつてソ連がヨーロッパでドイツと戦うときでも、やっぱり日本のほうから攻《せ》められるのが嫌《いや》で、ここだけは避《さ》けようとしていたから。「両面作戦」は嫌だからね。中国もいちばん嫌なのは、その「両面作戦」ですよ。前と後ろとの両方から攻められるのは、やっぱり、たまらないのでねえ。

「中国との戦い方」が完全に見えているプーチン大統領

チャーチル　だから、後ろは押《お》さえておきたいけども、実は中ロは仲が悪いのでね、実際上は。元の共産主義の国家同士だったときでも仲は悪かった（笑）。仲はほんとは悪かったので、たぶん、決定的に違《ちが》うものがあると思いますよ。

だから、プーチンは、今の中国の本質はよく分かっていると思う。これが「侵略《しんりゃく》主義」であることはよく知ってる。なぜかというと、かつて、それはソ連がやったことだから（笑）。ソ連がやったことを、今、中国が次に引き継《つ》いでやろうとしてて、共産主義圏《けん》の盟主《めいしゅ》になろうとしているので、その野望は十分に分かっているんです。

これと戦うには、ロシア、アメリカ、日本、インドの四カ国あたりで挟《はさ》み込《こ》んでいくスタイルを採《と》らないかぎり、封《ふう》じ込められないのは、だいたい分かっている。

それで、日本が、ベトナムだの、フィリピンだの、そうしたASEAN《アセアン》の国のほうのリーダーになって、あとから米国が後押しするかたちにして、ロシアは、日本と友好関係を持って、背後に存在する。

そして、インドあたりに次の成長をしてもらって、インドと日本との関係をよくして、親日国のインドが興隆《こうりゅう》していって、次はインドとロシアも、ある程度、仲良くなる関係まで持っていけば、中国を完全に包囲できるっていうのが、彼の計算上

── 対中国戦略におけるプーチンの計算（チャーチル霊による）──

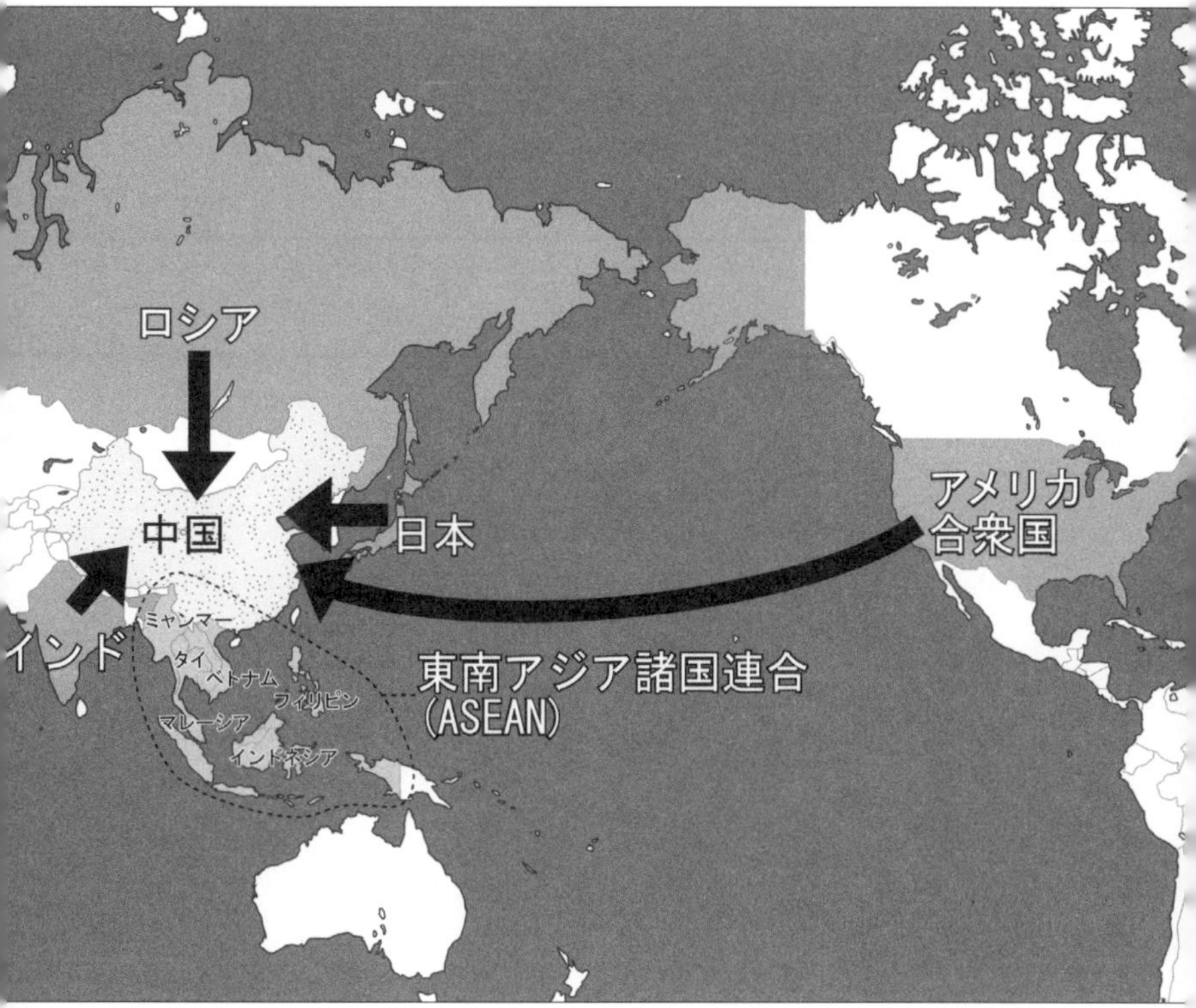

ロシア・アメリカ・日本・インドの四カ国による対中国包囲網イメージ。日本は、インドやロシアとの関係を強化するとともに、ベトナム・フィリピンなどの東南アジア諸国連合（ASEAN）のリーダーとなることが望まれている。

では、はっきりできているのでね。彼には完全に〝見えて〟ますね。だから、まあ、（日本はロシアに対して）「協力者」でなくてもいいけども、少なくとも「理解者」である態度は残しといたほうがいいと思います。

里村　日本としてはですね？

チャーチル　だから、まもなく、日本にとってはいいことが起きるから。残しといたほうがいい、絶対に。

里村　はい。分かりました。

北方領土の解決は〝独裁者〟でなければできない

藤井　先ほど、北方領土の解決の可能性もお話しになりましたけれども、これが、もし、平和的に解決されるとなると、非常に重大なインパクトといいますか……。

チャーチル　ええ、たぶん解決します。〝独裁者〟じゃなきゃできないんです、そんなことは。

里村　あ、「逆に」ですね。

チャーチル　ええ。だから、選挙で選ばれなきゃ、落ちるかも分からんような人には、絶対できない！

里村　なるほど！　今のロシアなら……。

チャーチル　選挙に絶対落ちない人ならできるんですよ。これはできる。だから、日本にとっては、〝独裁者〟であることのほうが好ましい。ああいう〝終身制〟をやりたいような人であるからこそ、できることであるわけなので。

彼は、たぶんやると思う。うん、たぶんやると思う。

「日本はアジアで責任を持て」というプーチン発言がある？

藤井　戦後の世界秩序《ちつじょ》、つまり、日本が敗戦して以来の国際秩序を変える可能性を非常に秘めている動きで……。

チャーチル　さらに、それ（北方領土）を返すだけでなくて、「日本は、ちゃんとした普通《ふつう》の国として、国を守れるだけの体制をつくるべきだ」ぐらいの発言をすると思う。

里村　プーチンがですね？

チャーチル　そこまでやって、踏《ふ》み込むと思う。
「アメリカは、間違っている。敗戦後の日本を今までずっと維持《いじ》して、七十年凍《とう》結《けつ》しているのは間違っている。そろそろ日本は、ASEANの中心としてちゃんと頑張《がんば》るべきだ。自由と民主主義の国として、リーダーとしてアジアで責任を持つべきだ」ぐらい、絶対に言うから。
このへんに言わさなければ、日本独自でアメリカに言うと、そらあ、盾突《たてつ》いたように見えるからね。

里村　そうしますと、「戦後レジームからの脱却《だっきゃく》」が、安倍首相ではなくて、プーチン大統領の口から出るようなかたちになってくるわけですね？

チャーチル　そうです。あっちから、たぶん出てくると思います。たぶん、出ると思うけれども。
「韓国《かんこく》・中国をものともしない安倍《あべ》首相」を認めているロシア

チャーチル　まあ、韓国《かんこく》や中国に評判が悪い安倍《あべ》首相だからこそ、向こうは信用しているわけで。

里村　ああ、そうか。

チャーチル　「それだけの指導力がある」って、向こうはプラスに判定するわけですよ。「あの韓国・中国をものともしないで、平気で自分のやりたいことをやろうとするっていうのは、なかなか大したもんだ」と思って、あちらのほうは認めているわけですよ。

里村　先日も、韓国の世論《よろん》調査では、「安倍首相の人気というか、信頼度《しんらいど》が金正恩《キムジョンウン》よりも下だった」ということです（会場笑）。だからこそ、逆に……。

チャーチル　それはねえ、プーチンから見たらねえ、これは、「日本に久々《ひさびさ》に実力者が出てきた」と見てるわけですよ。「これは大したもんだ」と。

だから、アメリカに行かないのに、ソチ・オリンピックに出てくる。忙《いそが》しいのは分かっているからねえ。それで来て顔を立ててくれる。「これは、もう本気で〝柔《じゅう》道《どう》〟をやる気だな」と思っているのよ、あっちはね。

だから、そのへんは読み込んだ上で、設計したほうがいい。

日本の〝救世主《きゅうせいしゅ》〟にはなってくれないアメリカ

チャーチル　今の国務長官みたいな、ああいうのは、もう三流だから、はっきり言って。頭が悪すぎるので、あんなのは、もうほどほどに泳がしといたらいい。金魚みたいに泳がしときゃあいいよ。あれが言うことは、もう全然気にしなくていいから。頭が悪いから、ものすごく。ヒラリーの三分の一もないから、能力が。だけど、ヒラリーでも解決はできはしないから。この前、〝脳梗塞《のうこうそく》〟で倒《たお》れたんだろう？　もう、〝サッチャー寸前〟なんだから、そりゃあ、もう無理だよ。

だからねえ、アメリカは、もう次は苦しいよ。とっても苦しい。

それに、選択《せんたく》になると思うけど、とにかく、民主党であっても苦しいし、共和党になっても苦しい。たぶん、人材的には苦しいことになるので、日本にとっては、まあ、残念ながら、そんな〝救世主《きゅうせいしゅ》〟にはなってくれない。ギリギリのところをですねえ、土俵《どひょう》いっぱいいっぱいのところで、何とか止《と》めてくれるかどうかぐらいの存在だと思いますね。

だから、まだ国内問題に、ほとんどかかりっきりだね。

「権力者を逆利用して、国力をつけるチャンス」にある日本

里村　オバマ大統領は、この前、シリアのサリン使用について、「空爆《くうばく》も辞さない」と言ったのに、結局、「ただの口先だけの話だった」ということになりました。

チャーチル　プーチンの勝ちですよ。はっきり、もう判定が出ましたよ、あれは。プーチンの勝ちですよ。

いや、プーチンは、それはねえ、小さな正義で見りゃあ、自分らのほうが間違っているのを知っているよ。

ただ、大きな大きな正義で見りゃあ、アメリカの覇権《はけん》を、もう封印《ふういん》に入ってきているわけですから。

ロシアのほうは、要するに地場《じば》なわけだから、「ここまで口を出すな」っていうことでしょう？　「地中海辺まで口を出すな」っていうことでしょう？　「この辺は、

ロシアとヨーロッパが話し合って決める場所だ」というところなんでしょうからね。

いや、なかなか大したもんですよ。

こういう権力者を逆利用して、そういう返し技《わざ》で国力をつけるチャンスだと思いますねえ。

里村「日本にとってチャンスだ」ということですか。

チャーチル　うん、うん。

だから、これを上手に使いながら、要するに、本当の意味での「日本の自立」を勝ち取るべきだと思いますね。

6　北方領土がロシア領になった理由

「悪魔《あくま》でも戦力のうち」という考え方

及川　今、戦後レジームとか、北方領土の問題とかも出たのですが、これらはすべて、戦後体制にかかわるところで、チャーチル元首相ご自身が、この戦後体制を、地上にいらっしゃったときに構想されたお一人だと思います。今、戦後体制が崩《くず》れていこうとしているのかもしれませんが、そのお立場からして、どのようにご覧になっているのでしょうか。

チャーチル　まあ、一九四五年でいちおう戦争が終わりだけども、四六年には、もう「反共主義」を標榜《ひょうぼう》していたわけですから。その一九四六年以降の考えから見れば、別に一貫《いっかん》した考え方なのでね。

（第二次大戦で）自由主義陣営《じんえい》のほうが滅《ほろ》びてはいけないので、ヒットラーにイギリスが滅ぼされちゃいけないから、「悪魔《あくま》と手を結ぶ」ということを承知の上で（ソ連の）スターリンと結んだ。これは知っているでしょう？　歴史を学んだらね。

里村　はい。

チャーチル　スターリンが悪魔であることぐらい先刻承知《せんこくしょうち》。こちらは知っている。知っているけど、悪魔でも戦力のうちだから、「悪魔 対 悪魔」（ヒットラー 対 スターリン）の戦いなので、別にかまへんから。殺し合ったら、結構だから。それでソ連を引き入れたんでね。

そらあ、スターリンが悪魔であることぐらいは、もう、そんなのは分かり切ったことではあったけど、国が滅びるよりはましだからね。

Franco to U.S.: Mind Y

SOUTHERN GERMANY EDITION

THE STARS AND STRIPES

Unofficial Newspaper of U.S. Armed Forces in the European Theater

Volume 2, Number 64 — 20 Pfennig — Wednesday, March 6, 1946

Unite to Stop Russians, Churchill Warns at Fulton

FULTON, Mo., March 5—Winston Churchill today said Russia constituted "a growing challenge and peril to Christian civilization" and called for a virtual United States-Great Britain military alliance to prevent a third world war.

Churchill voiced a grim warning that "Communist fifth columnists" are at work under supervision of Moscow in most of the world.

He termed Russia a threatening "shadow" over both Europe and Asia.

Churchill advocated continued joint use by the United States and the British Empire of all naval air bases held by either country throughout the world.

He urged extension of the permanent British commonwealths, an intimate exchange of military information, weapons and training and the interchange of officers and cadets.

The former British prime minister demanded that the United Nations be equipped immediately with an international armed force comprised at first of a powerful worldwide air force to prevent threatened new aggression and declared that the United States and Great Britan must keep the secret of the atomic bomb to themselves.

Churchill's ominous words of foreboding were uttered in a 45-minute address this afternoon before the faculty of Westminster College. Churchill made the trip here as a guest of President Truman.

「鉄のカーテン」演説

1946年3月5日、チャーチルはアメリカのウェストミンスター大学での演説で、「ヨーロッパ大陸に『鉄のカーテン』が下ろされた」と、西欧諸国への拡張を図ろうとする共産主義国の動きに警鐘を鳴らし、西側陣営の「自由と民主主義の確立」と「アングロサクソンの結束」を呼びかけた。以後、「鉄のカーテン」は、ヨーロッパの東西分断の比喩として、しばしば使われるようになった。

（写真上：大学での演説の様子／写真下：演説の模様を伝える新聞記事）

その点で言やあ（机を叩《たた》く）、「プーチンだって使え」と言ってるんだ。彼を悪魔とは言わないよ。悪魔とは言わないけど、あのくらいの強権を発動する独裁者だね。アメリカだったらできない大統領をやっている人ですから。あんなのはインチキだよな……、アメリカ的に見りゃあな。大統領をやって、首相をやって、また大統領をやって。「もう、ええかげんにせえ」っていうねえ。民主主義の風上《かざかみ》にも置けないことだろうけど。

それほどまでして、（プーチンは）ロシアを愛しているんだから。うーん、ロシアっていう国を、もう一度、世界の大国に戻《もど》したいんだと思うな。

いち早くヒットラーの正体を見抜《みぬ》いた秘訣《ひけつ》とは

及川　もう少し過去のことをお伺《うかが》いすると、当時、ヒットラーが出てきたときに、ヨーロッパは、ヒットラーの脅威《きょうい》というものを見抜《みぬ》けなかった。むしろ、イギリスですら、ヒットラーとの宥和《ゆうわ》政策をとろうとしていたと思います。

そういうなかで、チャーチル首相がいち早くヒットラーの正体を見抜かれました。その見抜かれた秘訣《ひけつ》というか、理由は何だったのでしょうか。

チャーチル　ま、「霊感《れいかん》」だな。

里村　ああ……。

チャーチル　それはもう霊感だよ。もう一発だよ。やっぱり、何らかの魔術《まじゅつ》みたいなものを使っている感じがはっきり分かったからさあ。

百万人動員して、絶叫《ぜっきょう》して、みんなを酔《よ》わせている、あの感じ。ああいうのは、今世《こんぜ》だけで見ると、あんまりよく分からないけど、長い歴史で見ると、体験的によくあることなので、「あの手は食わんぞ」というのは感じていたね。

ヒットラーとの戦いで「アメリカ・ソ連の参戦」を計算していた

里村　ただ、失礼ながら、チャーチル首相も、イギリス国民を酔わしたという点では同じように……。

チャーチル　一緒《いっしょ》よ。そら一緒よ。もうねえ、戦い始めたら、神と悪魔は変わらんのだ（笑）。

里村　いえ（苦笑）。

チャーチル　そらあ、火花が散って、剣《けん》を振《ふ》るったら、もう一緒だからさ。

里村　だからこそ、逆にその危険性の部分がよく分かったというか……。

チャーチル　うーん……、だから、まあ、ある意味では、(ヒットラーが)能力もあることは分かっている。能力があることは分かったし、近隣《きんりん》諸国がやられるのは、もう分かっていたけど、それが、イギリスを滅ぼす力まで行くかどうかの計算だけだよね。

だから、「ヨーロッパだけで完結した場合は、やられる可能性は極《きわ》めて高い」というふうには見ていたのでね。

まあ、アメリカの参戦、それからソ連の参戦。「ここまで成功させたら、イギリスを取るところまでは来れない」っていう計算は立ってたよなあ。

ただ、イギリス国民もバカだからねえ。

里村　え？

チャーチル　私の政治主張を聞かないで（選挙で）落としたりするようなことをいっぱいするんでね。

あんた、日本も同じよ。同じだよ。言うことを聞かない。もう、だいたいしょうがないのよ。バカがいっぱいいるんだよ、民主主義っていうのは。

ルーズベルトは「北方領土」をどう考えていたのか

及川　そういうなかで、今はクリミアですけれども、チャーチル首相ご自身も、当時、クリミアに行かれて、ヤルタ会談に参加されましたよね？

チャーチル　はい、はい。

及川　あのなかで、ルーズベルトと、スターリンと、チャーチル首相ご自身で、北方領土に関しての話をされたかと思います。

ヤルタ会談
1945年２月、クリミア半島のヤルタで行われた、英・米・ソ三国による首脳会談。（写真左：チャーチル、中央：ルーズベルト、右：スターリン）

最近、「アメリカの国務省が、『北方領土は日本に属するべきだ』という報告書を出していながら、ルーズベルトはそれをまったく見ないで無視し、スターリンに『北方領土はおまえにやる』というふうに言った」と報道されているのですが、その歴史の場にいらっしゃった方として、ヤルタ会談を、どう評価されているのでしょうか。

チャーチル　まあ、ルーズベルトの気持ちは分かるよ。本来であれば、ソ連は、そらあ、東京の北ぐらいまで、全部、取りたかったんだろうからさあ。日本の半分を欲《ほ》しかったのは分かっているからね。

それを食い止めなきゃいけなかったんで、「まあ、島ぐらいしょうがねえかな」っていう気持ちは、まあ、分からんではないよな。

だから、あなたがたが思っているように、終戦の日が八月十五日なら、彼らのやったことは完全な違法《いほう》だけれども、まあ、ソ連のほうは「終戦は九月だ」と見ていて、まだ戦争は続いていたと考えているので。

ほんとは、せめて、北海道ぐらいまで占領《せんりょう》して終わりにしたかったのに、アメリカがうまいことやりすぎたっていう、あの〝手の速さ〟に、ちょっと悔《くや》しい思いをしてたんじゃないかね。

北海道あたりを取られる可能性は極めて高かったと思うね。一カ月あれば十分、取れるわね。

だから、アメリカは、その意味では、終戦を急いだわけで。まあ、そのおかげで、ある意味では、ソ連の脅威があったがゆえに、裕仁《ひろひと》天皇の首はつながったと見るべきだろうね。「あれを処刑《しょけい》する」とか言い出したら、日本が「一億玉砕《ぎょくさい》」とか言いかねないし、そうなったら、もう戦争が終わらないので。

そうしたら、ソ連が乱戦にして、北海道から攻《せ》めて入ってきて、東北を南下してくるから、日本は、今の朝鮮《ちょうせん》半島や、かつての東西ドイツみたいに分断されて、もしかしたら、今でもまだ揉《も》めている可能性だってないわけではない。戦後数十年の分断統治がなされる可能性もあったわけだから。

まあ、あのへんの、日本に勝ったときのアメリカの布陣《ふじん》は、それなりに頭がよかったのかなあとは思うけどね。

だから、北方四島そのものは、ルーズベルトは、そんなに重きは置いてないけど、何か餌《えさ》を犬にくれてやったような感じなんじゃないかね。

7 「中国のヒットラー」はどう動くか

中国をめぐる、アメリカとロシアの思惑《おもわく》

里村　先ほど、ヒットラーの名前が、何回か出ましたし、四年前にお話をお伺《うかが》いしたときにも、「中国には、ヒットラー的なものがあるため、危険である」とおっしゃっていました（前掲《ぜんけい》『民主党亡国論』参照）。

実際に、その後を見ますと、中国、そして、隣《とな》り合わせの北朝鮮《きたちょうせん》では、かつてナチス・ドイツによって行われたユダヤ人虐殺《ぎゃくさつ》がかたちを変えて、同じような類《たぐい》のことが行われています。

しかし、アメリカをはじめ、そのスタンスが、どちらかというと、当時のヒットラーに対する宥和《ゆうわ》主義のような感じに見えるのです。

チャーチル　うーん、そうそう。

里村　このへんを、どのようにご覧になっていますか。

チャーチル　だから、最近やっとあれでしょう？（オバマ大統領が）「チベットのダライ・ラマと会った」とか言って、それで中国に抗《こう》議《ぎ》されているでしょう？　この弱腰《よわごし》には、すごいものがあるわねえ。

アメリカの情報網《もう》からして、そうした自治区に対する、いろいろな残虐行為《こうい》や侵略《しんりゃく》行為

2014年２月、オバマ大統領はチベット仏教の最高指導者ダライ・ラマ14世と会談を行った。中国側は強く反発している。

を知らないわけはないでしょう？　知ってるでしょう？　知ってて黙《だま》ってたんでしょう？

里村　はい。

チャーチル　やっぱり、そのへんのところに対する歴史的責任はあるわな、アメリカには。なぜ、そうやって中国を温存《おんぞん》したかということを考えないといかんわ。

中国を温存した理由は、かつては「ソ連」という強大な敵、「仮想敵」があったからであるし、ソ連崩壊《ほうかい》後は、（ソ連が）復活しないと見たら、次は「日本への警《けい》戒《かい》」だわな。

日本を崩壊させる戦略で、クリントン政権時代に、米中で「日本崩壊作戦」をやりましたからね。両方で挟《はさ》み込《こ》んで、日本の経済を没落《ぼつらく》させ、国力を落とすっていうのを。そして、二度と再軍備みたいなのを起こせないような国にするっていうか、現状維持《いじ》の国にするっていうプランがあるんだよ。だから、〝プランB〟を持ってるんだよ。それをやったんだ。

だけど、今度は中国がここまで急速に攻《せ》め上げてきたので、アメリカとしては、これを牽制《けんせい》しなきゃいけなくなってきたわけで、そろそろ自治区の問題を取り上げ始めつつはあるわけですけどね。

このへんは、ある意味で、（アメリカが）ロシアとそんなに敵対関係になるかというと、ロシアはかつてのソ連ほどアメリカとガチンコの全面戦争をするような状態にはないので、まあ、それは構わない。だけど、中国が占領《せんりょう》した自治区の辺りについて、ロシアがどう考えるかっていう余地は、別途《べっと》、ないわけではないわね。

それに、実際、アメリカには、中国の自治区に軍隊を送るだけの力が、今はない。もうないんだ。

里村　はい、ないですね。

チャーチル　ただ、ロシアには、（その力が）ないわけではないんです。だから、国際的な要請《ようせい》とか合意があれば、多少、できないわけではない。そういうことを、今、デモンストレーションで、ウクライナとかシリアとかで見せてるんです。

里村　なるほど！

「言論の自由」によって洗脳国家の力を弱める

藤井　日本国内の政治体制についてお伺いしたいと思います。ナチスと対決されたときに……。

チャーチル　そりゃあもう、あなたがたは徹底《てってい》的に対策を立てないと駄目《だめ》よ。

藤井　はい。それで、大英帝国《ていこく》も、あわやというところで、チャーチル首相がいたからこそ、守られたところがあったと思うのです。

チャーチル　大川隆法さんが死なないように、みんなで頑張《がんば》って応援《おうえん》しなきゃ駄目よ。あの世に行かれたら、もう負けるぞ。

藤井　安倍《あべ》さんで持ち堪《こた》えられるかどうかというところについてはどうでしょうか。

チャーチル　あれは、まあ、駄目よ。

（右手の指先で顔を触りながら）政策の根元《ねもと》は、ここから全部出てるんだからさあ。ここがなかったら、今の日本の政治は目茶苦茶《めちゃくちゃ》じゃないですか。もう亡国ですよ。亡国にもう入ってますよ。民主党政権だったら、今どうなってるの？　そろそろ、差し上げてるんじゃないの？　今、あの鳩山《はとやま》さんなんかでも続いていてごらんなさいよ。まあ、普通《ふつう》は、四年や五年、させてあげたいよねえ?

里村　その「亡国」という点で申し上げますと、中国が、韓国《かんこく》や北朝鮮も含《ふく》めて、「歴史認識問題」によって日本の孤立《こりつ》化を謀《はか》っているように見えます。

また、日本のマスコミの多くは、「安倍さんが靖国参拝《やすくにさんぱい》をしたりするから、あるいは、『従軍慰安婦《じゅうぐんいあんふ》問題は捏造《ねつぞう》だ』という日本国内の世論《よろん》があるから、日本の孤立化が進み、亡国につながるんだ」などと言っていますけれども、このへんについては、どのようにご覧になりますか。

チャーチル　いやあ、それは言論戦ですから、日本のマスコミは、「白ら手足を縛《しば》って、言うべきことを言わない」という態度を改めるべきだと思いますねえ。「言論の自由」を言うのなら、やっぱり、ちゃんと言うべきで。

今・・・・やっと出始めたんですか? あんたがたが、「勇気ある発言」をずいぶん続けているので、ようやく出られるようになったんですね、遅《おく》れながらね。いちばん最初は嫌《いや》だからね。

だから、週刊誌等もそうとう攻撃《こうげき》し始めているようですし、やがて大手新聞やテレビも出てくるはずですので。いやあ、言論でガンガンやり始めたら、そうとう向こうも追い込まれてくると思う。

要するに、〝洗脳〟をされているわけですから。北朝鮮だけじゃない。韓国だって国家に〝洗脳〟されているわけで。「洗脳されている」っていうことを国民が知った段階で、言うことはきかなくなってくるから、これを知らせることは大事だね。

中国も同じです。あんな大きな国を洗脳し続けるっていうのは、大変なことですから。それに彼らには、複数政党による交代制や、選択《せんたく》の自由はなく、〝粛清《しゅくせい》の自由〟しかないので。

ナンバー2ができたら殺すっていう北朝鮮の方針は、実は、あのへんと一緒《いっしょ》なんですよ。ほんとは中国なんかも一緒で、実際に脅《おびや》かす存在になった場合は殺します。

粛清しますからね。

あれも実は、情報戦で弱めていかねばならないものであって、このへんは今、アメリカも気づきつつはあるところではある。

〝中華帝国《ちゅうかていこく》〟の狙《ねら》いを見抜《みぬ》くチャーチル

チャーチル　あと、ロシア、ヨーロッパ等も含んで、どういうふうに構築していくかですけど、中国もアジア・アフリカ、それからヨーロッパへと手を伸《の》ばしてますからねえ。貯《た》まった外貨等を使いながら、「ヨーロッパを助けてやる」とか、「アフリカを助けてやる」とか、いろいろなことをして、〝中華帝国《ちゅうかていこく》〟は、今、「新植民地主義」をやろうとし始めているんですよ。

やっぱり、これには敵が現れてこなければいけないわけで、自由なままにやらせたら、ほとんど中国の傘下《さんか》に収められるようになりますよ。アジアからアフリカまで、全部、中国の傘下に入って、ヨーロッパも属国扱《あつか》いされるという、そういうモンゴルの「元《げん》帝国の復活」みたいなのが、まもなく起きようとしているところですねえ。

里村　ええ。

チャーチル　そして、アメリカは、もう一度、「孤立主義」に戻《もど》るっていう図式です。これが中国の考えている図式ですね。

孤立主義
ヨーロッパ大陸と南北アメリカ大陸の相互不干渉を主張するアメリカ合衆国の基本的外交方針の一つ。1823年、第5代大統領モンローがこの立場を明確にした（モンロー宣言）ことから、「モンロー主義」とも呼ばれる。（左：ジェームズ・モンロー大統領）

8　日本は「サムライ国家」に戻《もど》れ

国土防衛のためにも、日本が取るべき選択《せんたく》とは

里村　そのなかで、日本が取るべき道というものを、チャーチル首相はどのようにお考えですか。

チャーチル　それは、武士道だよ、武士道。サムライに戻《もど》ればいいんです。それだけでいいんです。

だから、アメリカは、沖縄《おきなわ》は取ったかもしらんけど、日本本土を占領《せんりょう》できなかった理由は、やっぱりサムライの国が怖《こわ》かったんだよ。

地上部隊を送っても、いちおうは、どこかで寝泊《ねと》まりしなきゃいけない。そこへ、

みんな忍者《にんじゃ》になって襲《おそ》いかかってくるとなったら、これはたまらないからねえ。「一億総忍者」っていうのは、これはたまらないよ。みんなが覆面《ふくめん》をして、刀《かたな》を持って、天井《てんじょう》から降りてくるんじゃや、ちょっとたまらない。「これだけは避《さ》けたかった」っていうのはあるからさあ。

やっぱり、〝ハリネズミ国家〟をつくらないといかんわねえ。日本も国土防衛のために、イスラエルみたいに〝ハリネズミ〟になって、いざとなったら、ピッと針が立って守れる体制をつくらないといかんでしょうな。

中国・韓国《かんこく》の「歴史認識」の誤りを指摘《してき》するチャーチル

藤井　第二次世界大戦を振《ふ》り返りますと、イギリスは、日本から見ると敵方《てきがた》だったわけですけれども……。

チャーチル　いやあ、わしはねえ、日本に補償《ほしょう》してほしいのは、「プリンス・オブ・

ウェールズ」の代金ぐらい。

藤井　(笑)(会場笑)

チャーチル　これは、ちょっと返してほしいけどさあ。

藤井　つまり、当時の日本の強さは、そうとうなものだったと。

里村　確かに、あのとき、チャーチル首相は、腰《こし》を抜《ぬ》かされるぐらいに驚《おどろ》かれたと聞いていま す。

プリンス・オブ・ウェールズ　イギリス海軍の戦艦。日本軍南下を防ぐため、チャーチル首相の要請で東洋艦隊の旗艦となるが、太平洋戦争開始直後、マレー沖で日本海軍の航空機のみによる攻撃で撃沈された。

チャーチル　あれは、うちの虎《とら》の子であってねえ、あんなの沈《しず》められたら、ほんとにメンツ丸潰《まるつぶ》れで、もう落選のきっかけになるようなことだからねえ。

里村　ただ、チャーチル首相は、日本の真珠湾攻撃《しんじゅわんこうげき》を喜ぶと同時に、硫黄島《いおうじま》での日本軍の戦い方も称賛《しょうさん》されていました。

チャーチル　いやあ、日英同盟もあったからねえ。仲良くしてたときもあるしさあ。今、韓国《かんこく》は、なんやかんや、日韓併合《へいごう》を悪いことだとか言ったり、中国にまで出て、清《しん》の時代に日本が行って満州《まんしゅう》を取りに入ったりしたことについて、ギャアギャア言ったりしておるんだろうけども、あの当時の欧米《おうべい》は、アジアで信頼《しんらい》できる国は日本しかないと思っていたんでね。

そうした近い国でなければ統治はできなくて、兵を送るにしても、今みたいなジヤンボ機もない時代で、当時の輸送手段から見たら船で行かなきゃいけないわけだから、いざというときに間に合わない。やっぱり日本にしっかりしてもらわなきゃいけないので、日本の軍備や財政基盤《きばん》がしっかりすることや、政治がしっかりすることは、みんな期待してた。

だから、韓国・北朝鮮《きたちょうせん》、つまり、今の韓半島、それから台湾《たいわん》、それから中国の一部を日本に任せたいっていう気持ちは、これは「世界的な合意」であって、決して日本が侵略《しんりゃく》的に勝手にやったことじゃないので、彼らが歴史認識としてそう言っているなら、明らかに間違《まちが》っていると言わざるをえないですね。

「大英帝国《ていこく》のために日本に生贄《いけにえ》になってもらった」という本音

里村　当時から、そういう歴史認識をお持ちだったのですか。

チャーチル　そうです。やっぱり日本を信頼してたんですよ。日英同盟があったでしょう？　だから、日本を信頼してたので。

清国にもロシアにも打ち勝った日本ですから、当然の権利であって、日本が一定の監視《かんし》をするだけの力を持って、極東《きょくとう》を見張るのは当然のことだと思ってましたよ。

だけど、次の戦争のところでは、まあ、イギリスが歴史的に葬《ほうむ》り去られないっていうことは、これは譲《ゆず》れない一線ではあるからねえ。

だから、君らの●日独伊《にちどくい》防共協定自体は、あれは正しいんだよ。

あの防共協定に対しては、イギリスもほんとは入りたかったぐらいではあるけども、ヒットラーの野心がねえ……。「ヨーロッパだけでいい」っていうんならいいけど、かつての大ブリテン帝国《ていこく》の繁栄《はんえい》について、ずいぶん嫉妬《しっと》してるからさあ。嫉妬して、自分らもそういうのをやってみたいような気持ちを持ってたからねえ。「あんなちっこい島国で、世界の七つの海を支配するなんていうのは、ええかっこしたやないか。次はドイツの番や」と、肚《はら》のなかで、そう思うてるのは見え見えやったからな。

●**日独伊防共協定**　世界的な共産主義運動に対抗し、1936年から37年にかけて、日本・ドイツ・イタリアの三国で結ばれた反共・反ソ協定。

だから、今の、中国のトップが思ってるのと、おんなじさ。肚のなかで思ってることは一緒《いっしょ》だわ。まあ、それは見えてたよねえ。

及川　なるほど。お話を伺《うかが》いますと、大東亜《だいとうあ》戦争が始まる前のチャーチル首相のお考えとしては、あくまでも、大英帝国を守るために、日本の参戦を……。

チャーチル　日本には、ちょっとすまんけど、〝生贄《いけにえ》〟になってもらったっていうところやなあ。

いや、もちろん、日英同盟が破棄《はき》になる前に、いちおう、そこまで筋書きができておったんだけどねえ。

アメリカのほうでは、フィリピンを合併《がっぺい》した一八九八年以降、四十年以内に日米戦争が起きるっていう予測のもとに、日本との戦争計画を、もう「オレンジ計画」から「マンハッタン計画」から、いっぱいつくっておったからねえ。

戦争になるのはもう分かっていて、それでシミュレーションをやっておった。そのときにどうなるかっていうのを、もう計算し尽《つ》くしてたわねえ。

ところが、日本は手が速くて、アメリカに分けてやらなかったからさあ。だから、満州とかの利権に、ちょっとかましてやって、合弁《ごうべん》会社とかをいっぱいつくっておけば、もうちょっとよかったのかもしらんけど。

ただ、満州でも取られたら、日本はアメリカに挟《はさ》み撃《う》ちにされる恐《おそ》れがあるからねえ。やっぱり、それは避《さ》けたかったのかもしらんけどねえ。

「日米戦争」の歴史的な意義とは

及川　日米戦争については、なぜ、その戦争が起きたとお考えでしょうか。

チャーチル　まあ、それはねえ、アングロサクソンが生き残るかどうかという〝関ヶ原〟ではあったわけだねえ。

ただ、どちらかといえば、ドイツの時代が来る可能性もあって、ナポレオンが終わって、次にドイツの時代が来る兆候《ちょうこう》はもう出ていた。ヨーロッパはドイツ中心で、思想家もたくさん出ていたので、天上界《てんじょうかい》から、光の天使をそうとう送っていたのは、間違いないんだけどねえ。

だけど、もし、日本がこれだけやられた理由があるとしたら、うーん……。まあ、ロシアには勝ったけど、勝ち方が不十分だったために、ロシア革命が、そういう共産主義に行って、大帝を廃《はい》させて皆殺《みなごろ》しにしたよな。要するに、平等な社会をつくるっていうものが、やや血なまぐさいほうに走っていって、粛清《しゅくせい》大国になっていった。まあ、フランス革命にも、そういうところはあるけどねえ。ロシアがいい方向で改革を進めるところまで力を持っていなかった。

当時のアメリカの政治のあり方には孤立《こりつ》主義的なところがあった。やっぱり、イギリスとは独立戦争をやっておるから、なんだかんだ言いつつも、うーん……、元の母国ではあるけども、微妙《びみょう》な関係ではあったわな。近親憎悪《きんしんぞうお》も一部はあるような微妙な関係で。

第一次大戦までは、イギリスに覇権《はけん》があったけど、第二次大戦でアメリカに移るという、その境目ぐらいだったからねえ。

まあ、イギリスは日本より小さい国ですけど、これが世界を支配したわけですから、もちろん、ドイツにそういう覇権が移る可能性だってあっただろうし、アメリカが「孤立主義」を捨てることによって覇権を握《にぎ》ったわけであるからね。「孤立主義」を守っていたら、いまだに覇権を握ってないだろうけどさあ。

ただ、アメリカの覇権の時代が、第二次大戦からあとだから、七十年がたって、終わりが近づいてきつつあるということかもしれないねえ。

9　韓国《かんこく》の「嘘八百《うそはっぴゃく》」は今年中にバレる？

「安倍《あべ》首相の発言」に対し、はっきりとした見解を表明

里村　そうした歴史認識を、現代の問題と重ねて、先般《せんぱん》、安倍《あべ》首相がヨーロッパで、現在の日本と中国の関係について、「第一次世界大戦前のヨーロッパの状況《じょうきょう》と似ている」というような発言をしました。そのことをもって、不見識だとか、いろいろな言われ方もされたわけです。

また、かつて第二次世界大戦に至ると見えたときには、ドイツに対して態度をはっきりさせない国々は多かったと思います。あるいは、ドイツにつこうとしたり、フランス側につこうとしたりという動きがありました。

同じく、今は、中国があり、北朝鮮《きたちょうせん》と韓国《かんこく》には指導者として金正恩《キムジョンウン》第一書記と朴《パク》

槿恵《クネ》大統領がいて、いったいどうなるのか分からない状況です。これは、今後の世界情勢を考える上で非常に大事な点かと思いますが、北朝鮮という国家の命運と、韓国の今の朴大統領の振《ふ》る舞《ま》いについて、チャーチル首相は、どのようにご覧になっているのでしょうか。

チャーチル　まあ、その安倍さんのヨーロッパでの発言を云々《うんぬん》言っているけど、要するに、「日本がイギリス的立場に立っているなら、中国がドイツ的立場にある」っていうことだ。でも、逆に捉《とら》える人もいるわけだから、どっちがどっちかは分からない。

里村　なるほど。

チャーチル　中国や韓国は、「日本がドイツで、自分らのほうはイギリスだ」と言っているわけでしょう？　「日本が軍国主義化したら、攻《せ》めるのはまた日本であって、自分らが攻められる」と。だから、「日本のほうがドイツで、安倍がヒットラー」ということでしょう？

まあ、「安倍がヒットラーか、習近平《しゅうきんぺい》がヒットラーか。世界中で投票してみましょう。どちらが、よりヒットラーに近いでしょうか」っていうことですよ。

それは、おたく（日本政府）の官房長官《かんぼうちょうかん》が、最近、だいぶ雄弁《ゆうべん》になられて、言い返しておるようだけども、やっぱり、それは、「軍事費の伸《の》び方を見て、

『誰もが知りたい菅義偉官房長官の本音』（幸福実現党）

客観的にご判断ください」ということだね。それを見れば、中国が侵略《しんりゃく》的な野望を持ってることは明らかだわねえ。火を見るより明らかであって、それは、安倍さんに非《ひ》があるとは、私は思いませんな。

だから、これに対しては、当然、備えなきゃいけない。

こういうふうに、（あなたがたは）四年も前に「危ないぞ」と言ってやってたし、民主党政権下でも、防衛省や自衛隊は、「民主党は、いずれいなくなる」と思っていたので、彼らの言うことを大して聞いてませんから、あなたがたの言う方向で、準備には入っていた。だから、だんだんに間に合ってきつつはありますけどね。

もう離島《りとう》防衛ぐらいまでは視野に入ってはいるようだけども、本格的な侵攻《しんこう》、戦争状態も含《ふく》めての侵攻までかけられるとなったら、「本当に、アメリカが緊密《きんみつ》な友好国として防衛してくれる」っていうことを完全に信じ切れなければ、成り立たない状態にはなってるわねえ。

今、アメリカは、（中国に）そこのところを経済的に握《にぎ》られて、貿易のほうでも、日本よりも大きくなって、揺《ゆ》さぶられております。だから、景気がよくなるかどうかに全部かかってはいることだけども。まあ、これからの外交は、とても微妙《びみょう》な外交だろうねえ。

アメリカは先の大戦を「正当化」できるのか

里村　韓国は日本に対して非常に失礼なことを言っていますが、韓国がこれに気がつくチャンスはありますでしょうか。

チャーチル　いやあ、もう、今年でだいたい終わるとは思うよ、本当に。

里村　あ、二〇一四年で？

チャーチル　うん、「韓国が言ってることは嘘八百《うそはっぴゃく》だ」っていうことは、もう、ばれると思うよ。

里村　今の韓国のプロパガンダがですね？

チャーチル　うんうんうん。もう、「嘘八百だ」っていうことは、ばれると思う。ただ、アメリカがねえ、先の大戦の「正当化」について、若干《じゃっかん》の〝痛み〟を伴《ともな》いますからね、そのときに。そこのところの問題は残るわねえ。

例えば、（アメリカは）「サダム・フセインが大量破壊《はかい》兵器を隠《かく》し持っとるから」という大義名分でイラク戦争をやって、その証拠《しょうこ》を発見することができなかったので。ＣＩＡの情報がもし間違《まちが》った情報であったということであれば、そらあ、サダム・フセインに代わってブッシュさんが〝縛《しば》り首〟になることだって、ありえないわけではありませんからね。「侵略国家」ということになればね。

要するに、そういう意味での「正当性」のところが、やはり、問題として、どうしても残るからね。

だから、先の大戦について、東京を火の海にしたり、原爆《げんばく》を落としたりしたことに対しては、アメリカの民主党とかが人道主義を標榜《ひょうぼう》するんだったら、やっぱり、ここのところの責任は追及《ついきゅう》される可能性が残ってるわね、今後ともね。

まあ、ここのところも、中国が押《お》さえてる（アメリカの）「弱み」のところであろうとは思いますけどね。

里村　今の原爆投下に関して、チャーチル首相のご生前の言葉として、トルーマン大統領の娘《むすめ》さんが証言しているのですけれども、チャーチル首相がトルーマン大統領と夕食を共にした際、「あなたと私は、原爆を投下したということで、あの世の、天国の門の前で、大天使ペテロに、『おまえたちは、なぜ落としたのか』と訊《き》かれたときに、申し開きをきちんとしなければいけない立場になる。これに対して、あなたはどう答えるのですか」というようなことをトルーマン大統領におっしゃったという話が遺《のこ》っています。
実際のところ、原爆投下に対して、チャーチル首相としては、どのようなお考えですか。

チャーチル　やっぱり、基本的には、「人種差別主義」はあったと思うよ。だから、そのへんについてはね、われわれも、アメリカも、ドイツも、本当は同類なんだよ。日本は、それを知ってたはずだけどね。ドイツと同盟をするときに、彼らが人種差別主義者であって、黄色人種《おうしょく》まで差別してたのは知っていたはずだけども、ドイツも、いちおう、ソ連牽制《けんせい》のために日本と同盟を結ぶ必要があったし、まあ、あとは、明治政府以降、ドイツ式軍隊を取り入れた部分がそうとうあって、そのあたりの人事的交流もだいぶあったのでね。
日本の軍隊はドイツ式でつくられていたから、そのあたりの交流があったのもあるし、あるいは、日本人のドイツ好きもあったからねえ、いろいろとねえ。

だけど、本当は、『わが闘争《とうそう》』に載《の》っているとおり、黄色人種蔑視《べっし》ですから、ユダヤ民族が皆殺《みなごろ》しなら、日本人だって皆殺しよ。そらあ、ヒットラーの本心はね。基本はそうなんだろうと思うけど、もう、悪魔《あくま》も天使もなくて、結局、国が滅《ほろ》びないようにするためには、まあ、みんな、あらゆる手は通じてるわけで。

里村　まあ、手を尽《つ》くさねばならないということですね。

チャーチル　ええ。

10 「北朝鮮《きたちょうせん》は絶対に潰《つぶ》せ！」

日本は〝大型花火〟をつくらなければいけない時期にある？

チャーチル　私は、君らには言いたいけど、北朝鮮《きたちょうせん》がミサイルを、まだ、パンパン、花火みたいに打ち上げとるけどさあ、君らは〝大型花火〟をもうつくらないといけないんじゃないか？

〝花火〟でいいよ。〝花火〟と名付けたらいい。大きな〝花火〟をね。長さが何十メートルかある〝花火〟だよ。ちょっと、花火がだんだん大きくなっとるじゃないか、最近、いろいろとなあ。

丸い玉ばかりじゃないよねえ。尖《とが》っとってもいいしなあ。ピシャーッと（飛ぶ）ロケットみたいな花火もよくあるじゃない？　「ロケット花火」っていう、打ち上げるのがあるじゃない？　距離《きょり》をちょっと伸《の》ばせばいいのな。距離と太さと長さをちょっと変えればいいわな。

里村　ええ。何百尺玉《しゃくだま》みたいにですね。

チャーチル　ああ、花火があるから、〝花火の会社〟をたくさんつくったらいいんだよ。ね？　〝花火会社〟を。

里村　そのとき、例えば、日本としては、北朝鮮の国民の不幸も続いていますので、「旧宗主国《そうしゅこく》の責任と義務において、北朝鮮の人々の解放を進める」という大義名分はありますでしょうか。

チャーチル　まあ、そのときだけ、ヒットラー（の霊）を借りてきて、安倍《あべ》首相に

〝宿らせ〟て、やらせるとかさあ。

里村　いや、それはちょっと怖《こわ》いですね（笑）（会場笑）。

チャーチル　決断力が増してくるかもしれないじゃないか。

里村　ええ。ただ、いかがでございましょう？　やはり、それくらいの決意は示すべき時期であると……。

チャーチル　私だったら……、いや、イギリスの立場だけどね。日本がイギリスだったら、どうするかっていうことですけども、絶対、北朝鮮攻撃《こうげき》計画を立てます。私だったら、それは立てます。「何年以内にここを消滅《しょうめつ》させるか」っていう計画は立てます。絶対に立てます。やります。これは防衛ですよ。

里村　防衛で？

チャーチル　はっきり、「防衛」ですよ。だって、向こうはミサイルを撃《う》ちまくってるんでしょう？　「次は、おたくの土地のなかに落とすぞ」って、威嚇《いかく》してるんでしょう？　それで、（北朝鮮の）国のなかは、あの状態でしょう？　もう〝収容所列島〟になっておって、日本人を拉致《らち》して、平然としているんでしょう？

まあ、こういう国はねえ、〝お仕置き〟が必要ですよ。

「日本はイスラエル化すべき」という考え方を示すチャーチル

里村　今、「また、次の核《かく》実験の準備をしている」と言われていますが、そのお仕置きのタイミングとしては……。

チャーチル　もうねえ、あんた、「イスラエル化」しなきゃ駄目《だめ》ですよ、やっぱり。イスラエルは、相手がやる前にやっちゃうんでしょう？　まあ、防衛ですからね、あれも。

里村　はい。そうですね。

チャーチル　それは考え方なんでね。あれは小さな国ですよ。小さな国ですから、本当は、地上から抹殺《まっさつ》されても、実は文句《もんく》を言えない国だけども、イスラム国にあれだけ囲まれていて、弱気でいたら、砂漠《さばく》から〝蒸発する〟のはわけないことですからね。やっぱりねえ、〝ヤマアラシ〟にならざるをえんのですよ。〝ハリネズミ〟みたいになって、体を守ってるんだね。

だから、「ちょっとでも、イスラエルに対して、敵対的態度、攻撃的態度を持ったら許さん」っていう、強い決意を持ってるね。国を守ろうとする、強い決意を持ってるわな。

そういう意味で、日本はねえ、洗脳されてる国に対しては、その洗脳の解除も、もちろん大事だけども、逆洗脳もかけていかないといかんとは思うしね。うーん。

「日本人を人質《ひとじち》に取られたとき」の対策

及川　そのような状況《じょうきょう》のなかで、日本が弱みを握《にぎ》られているのは、日本人の拉致被害者が北朝鮮にかなりいることなのですが、この救出と関連して、こういう国に対し、日本の政府としては、外交面において、これからどのように対処していったらよいのでしょうか。

チャーチル　救出するんでしょう？　それは、日露《にちろ》戦争のときの、例の戦い方と一緒《いっしょ》なんじゃないの？　二〇三高地《にひゃくさんこうち》？　だから、自分の軍隊が攻《せ》めてるときに、乃木《のぎ》さんが、最初は、「味方を撃つわけにいかんから」と言って、やったら、向こうのほうに一斉《いっせい》射撃されて、ものすごい死体の山をつくったんでしょう?

結局は、味方が攻めてるときに、後ろから、ボンボコボンボコ、大砲《たいほう》を撃ったほうが、向こうが攻撃できなくなるから、被害が少なくて、陥落《かんらく》できたんでしょう?

これは簡単なことだけど、それができなかった。

拉致被害者は百人ぐらいいるかもしらんけど、向こうは、それを人質《ひとじち》として、盾《たて》にして使ってる。まあ、アルジェリアか何かじゃないけど、日本人を、そうした重要施設《しせつ》のところの人質にすると思うよ、ああいう国だったら。

核施設や、そういう軍事施設の大事なところをテレビに映して、日本人の人質をつないで、家族をロープで縛《しば》って、「ここは日本人の人の輪でくるんでいるので、攻撃できるならやってみい」っていうぐらいのことはやると思う。そのくらいの国ですよ、はっきり言って。

ただ、これはテロ対策とほとんど一緒なので、やっぱり、「そういうものには屈《くっ》しない」という態度は要《い》る。

●**アルジェリア人質事件**　2013年1月、武装集団が天然ガスの関連施設の外国人約40人を人質にとって施設を占拠。犯人は自爆し、人質にも多数の死者(日本人は10人)が出た。首謀者はアルカイダ系のモフタル・ベルモフタルとされる。

どうせ殺されるからね。そのときには、もう、〝浄土真宗《じょうどしんしゅう》〟にみんな帰依《きえ》しても
らって、「『南無阿弥陀仏《なむあみだぶつ》』を称《とな》えたら、それで救われる」と、国際放送をかけて、
潰《つぶ》すべきものは潰さなきゃ駄目だと思いますよ（注。過激な発言ではあるが、霊人《れいじん》
の個性の実証として、あえて発言のままとした。第二次大戦中、チャーチルは、ド
イツの暗号〈エニグマ〉解読により、コベントリーの町を空襲《くうしゅう》する事実を事前につ
かんでいたが、ナチス殲滅《せんめつ》の大義を優先し、町を犠牲《ぎせい》にしたともいわれている）。
だから、そういう防衛計画の大綱《たいこう》は、やはりつくらなきゃ駄目ですね、きちっと。
北朝鮮は、絶対、潰さなきゃいけない！（机を一回叩《たた》く）
そうですねえ。十年以上、生かすわけにはいかんですなあ、はっきり言って。

里村　北朝鮮をですね？

チャーチル　うーん。十年は生かせないですな。

11　中国はどこから攻《せ》めてくるか

日米には軍事的に「動きが取れない場所」がある？

里村　前回、お伺《うかが》いしたときは、民主党政権でございましたけれども（前掲《ぜんけい》『民主党亡国論』参照）、「今の安倍《あべ》自民党政権は、中国に対して、どのようにするべきだ」とお考えですか。

チャーチル　まあ、（中国は）まだ、大した兵器じゃないね。核《かく》兵器を除けばね。「兵力的には、大したことはない」とは思いますけども、これは、やはり、頭脳戦だろうね。

まだ、空母一隻《いっせき》程度しか持ってない。ちょっと、つくる気はあるようですけどね。

それに、航空機も大した数ではないので、これは、七十年前の日本軍であれば、今の通常兵力で戦っても、まだ、十分勝てるぐらいの弱さだと思う。

ただ、今後、レベルを上げてくるとは思うし、彼らとしては、「アメリカをどこまで退《ひ》かせるか」っていうところだろうと思うんですね。

それで、台湾《たいわん》とか、北朝鮮《きたちょうせん》、韓国《かんこく》、沖縄《おきなわ》、それから、島、このへん辺りにちょっかいを出してくる。

ただ、私の直感としてはねえ、今、予想してるところではないところで、軍事紛《ふん》争《そう》を、まず起こしそうな気がしてしょうがないね。

里村　ああ、そうですか。要するに、尖閣《せんかく》とか、そういうところではない？

チャーチル　うーん、そうそう。ちょうど、日米を直接、刺激《しげき》しない場所。だから、フィリピンやベトナム関連のほうで起こす可能性が高いと思う。そのときに、（日米は）動きが取れないはずです。

アメリカだって、ベトナムと戦争したでしょう？「ベトナムを救うために、アメリカがどうやって動くか」っていうと、やっぱり、非常に難しい問題はあるわなあ。かつて敵国になってるなあ。

日本は、ベトナムと、そんな軍事協定を結んでるわけでもない。ちょっと、自衛艦《かん》かなんかは、貸したりしてるかもしらんし、売ったりしてるのかもしらんけど、まあ、大した関係ではまだない。これから始まるところだな。やっと航空便が飛び始めたあたりですから。

それから、フィリピンだって、今、ちょっと寄ってきてるけど、まだ、そんなガッチリとしたところまで、できてはいないよね。

だから、この辺りで、先に事を起こす可能性は高いと思うなあ、軍事的に見りゃあね。

日本は中国に「どう備えるべきか」

里村　今、フィリピンのアキノ大統領も、もうすでに、日本に、ある意味で〝救い〟を求め始めています。

チャーチル　そうそうそう。

里村　ああいうものに、やはり、積極的に応じていくべきだと……。

チャーチル　まあ、それには、計画がちょっと要《い》るけどね。日本は、〝後手後手《ごてごて》主義〟になって、〝役所主義〟になってるから、それでいくと、たぶん、弱気の左翼《さよく》マスコミが、「戦争に巻き込《こ》まれる危険性が増える」っていうことで、きっとまた、騒《さわ》いで騒いで、するだろうと思うね。

だから、日本も、やはり、プーチン型の人が一人出てきてくれないと困るかもしらん。

安倍さんは、陰険《いんけん》な手を使ってでも、長く頑張《がんば》らないといかんかもしらんねえ。

里村　そういう意味では、集団的自衛権の行使も、できるようにしてほしいですね。

チャーチル　うん。仕事をやり遂《と》げるところまでやらないと、やっぱり、いかんかもしらんねえ。あとに、もし、できる人がいないならね。いるならいいけども、いないんだったらね。

12　チャーチルが見る「世界の見取り図」

日本が今後とるべき「外交戦略」とは

里村　今、日本の、対中国についての方針をお伺《うかが》いしましたが、お時間もだんだん迫《せま》ってまいりました。

今日は、さまざまなお話をお聞きしていますが、チャーチル首相には、これから、二十一世紀の中盤《ちゅうばん》ぐらいまでの世界のあり方、見取り図は、どのように見えていらっしゃるのでしょうか。

例えば、ＥＵはどうなるのか。あるいは、イランなどはどうなるのか。こうしたことを含《ふく》めて、世界はどのようになっていくのか、あるいは、なるべきかということを、お伺いしたいと思います。

チャーチル　まあ、「リーダーのいない世界」っていうのは、なかなか厳しいもんだろうと思うね。今、もう、国連の五大常任理事国のところが紛争《ふんそう》を開始しておるので、国連の機能が維持《いじ》できるかどうかは微妙《びみょう》だね。

ロシア、中国、アメリカあたりが争い始めたら、どうにもならない可能性はあるわねえ。だから、やっぱり、大きな〝地殻《ちかく》変動〟が起きてくるような気はするな。しばらくは、有力国で、何とか話し合いをしながらやっていかないといかんかもしらんけど、そういう意味で、今、次の覇権《はけん》国家をめぐっての、すごい〝隆起《りゅうき》〟が起きてるんだと思うんだよねえ。

中国は、はっきり言って、日本に、再度、上昇《じょうしょう》気流に乗られ、力を取り戻《もど》されて、ロシアとも関係を結ばれたら、かなり苦しい。封《ふう》じ込《こ》められる圧力は、強い。

その間に、アメリカが、もし力を取り戻すことができればいいけどね。だけど、（日本が）ロシアと近づきすぎると、アメリカがまた嫉妬《しっと》するっていう面もあろうから、そのへん、若干《じゃっかん》、難しい面はあるけどねえ。

それと、やっぱり、ヨーロッパには、上手に点を打たなきゃいかんとは思いますね。まあ、イギリスのことをあまり手前味噌《てまえみそ》に言っちゃいけないけど、いちおう、イギリスは、押《お》さえとかなきゃいけない国ではあると思うな。EUがどうなろうが、イギリスは生き残りますから。基本的には、そういうことになっておりますのでね。イギリスを押さえておければ、「アメリカとの最終決戦」みたいなことは起きないで済むから、ここは、絶対、押さえといたほうがいいと思います。

あとは、EUのなかでは、ドイツでしょうね。基本的には、ドイツの精神的な復興を助けるための交流が必要かなあ、というふうには思いますねえ。

要するに、彼らの罪を許してやらなければいけない時期が来てるんじゃないかなあ。「日本だけが許されて、彼らは地獄《じごく》のままで」っていうわけには、やっぱり、いかんのじゃないかねえ。だから、〝東條君《とうじょう》〟と〝ヒットラー君〟に、今、地下で握手《あくしゅ》してもらわないといけない時期が近づいてる。

里村　いや、東條首相とヒットラーの握手は、ないかなとは思うのですけれども（苦笑）。

チャーチル　いや、ヒットラーは、君、有能な人だよ。

里村　ええ、ある意味では……。

チャーチル　いやあ、負けたら、私が地獄に堕《お》ちてる可能性もあったわけだからねえ、そう言ったって。「国を滅《ほろ》ぼした」っていうんじゃ、私は、英国民の恨《うら》みを買って、もう出てこられない可能性はあるからね。それはねえ、君、そんな単純なもんじゃあないんだよ。

里村　なるほど。ただ、ドイツに打ち勝ったチャーチル首相が、「ドイツを許す心も必要だ」とおっしゃることは、非常に説得力があると思います。

チャーチル　あのときは、アメリカとソ連の力を借りて守ったけども、君、（イギリスは）国としては小国ですよ。世界の海は制覇してはいても、小国ではあるけどね。

今、日本も似たようなもんでしょうけども、これ（中国）に打ち勝つにはどうするかっていうと、やっぱり、ロシア、アメリカ、それから、インドあたりの力を引きずり込むことは大事でしょうね。

この三国ぐらいまで、ちゃんと引き付けておければ、日本が、完全に中国に蹂躙《じゅうりん》されることはないと思うね。

ロシア軍の「中国進駐《しんちゅう》」の可能性は?

里村　（聴聞者《ちょうもんしゃ》からの質問を受けて）先ほど述べられた、ロシアが中国のウイグル自治区等に出てくる可能性はどうなのか。また、インドには、チベットの亡命《ぼうめい》政府もありますので、これとの連携《れんけい》で出てくる可能性があるのか。あるいは、今後、近いうちに、そういうものが、実際に実現する可能性があるのかどうか。このへんをお教えいただければと思います。

チャーチル　いや、今のロシアの経済力では、まだそこまで行かないね。もうちょっと上がらないと行かない。もうちょっと大きくならないとね。

里村　逆に、日本との協力関係の進み具合によって……。

チャーチル　うーん。そう、それが先ですね。そっちをやらないかぎり、できない。そういうことはできない。

それは、単独ではできない。ロシア単独ではできないので、日本と、もうちょっと緊密《きんみつ》になることによって、アメリカとも戦争状態が起きないような関係にまで持っていきたいでしょうね。

それと、経済的には、やはり、もう一段、強国になっておかないといけないと思いますねえ。そのくらいで初めて、ちょっと動く可能性はありますね。

アメリカの「優柔不断《ゆうじゅうふだん》」と「頼《たよ》りない歴史教育」に警鐘《けいしょう》を鳴らす

里村　そうしますと、今日の冒頭《ぼうとう》から話が出ていましたが、やはり、「日本」と「ロシア」の関係性というのは、これから世界平和を実現する上で、あるいは、「中国」の野望を抑《おさ》える上で、思った以上に大事なのですね。

チャーチル　やっぱり、「〝ヒットラーのドイツ〟を抑えるためだったら」という観点から見たらね。

例えば、私が日本に生まれたとしたら……。まあ、日本は、戦後、アメリカに、ずっと抑えられてやってきて、「守ってやるから」という約束ではあったけども、（アメリカは）中国とあまりにも近づきすぎたわね。

里村　はい。

チャーチル　それで、今、アメリカでは、優柔不断《ゆうじゅうふだん》なのが指導者をやってますから、「本当に守ってくれるのか」っていうところについて、やっぱり、疑問はあります。

さらに、アメリカでは、韓国《かんこく》の従軍慰安婦《じゅうぐんいあんふ》の像の設置に平気で賛成して可決をするようなところが出てきたりしてるけど、その程度の歴史認識じゃあ、もう頼《たよ》りないわね。そういうところがあるけど、アメリカから見たら、中国も韓国も日本も、全然、区別がつかないのよ。本当を言うとな。

里村　ええ。

チャーチル　本当を言うと、区別がつかないんで、これは、アメリカ人の教育が悪いのよ。

里村　なるほど。

藤井　例えば、従軍慰安婦についても、本来ならば、日本政府から、有効な反論をしないといけないのですが、実際には、謝罪するところから入っています。

現地の大使や外務省等は、「河野《こうの》談話、村山《むらやま》談話に基《もと》づいて、何度も謝罪しています」と言っているわけですが、このあたりについて、日本としては、どのような姿勢を示すべきだと思われますか。

チャーチル　やっぱり、そらあ、幸福の科学が国教化していくのが早道なんじゃないですかねえ。

国教化するのは難しいにしても、事実上、まあ、日本は二重性っていうのが得意だから、外側の鳥居《とりい》は、天皇制、日本神道《しんとう》（Shintoism《シントーイズム》）。中側は、幸福の科学でやる。これで、ええやん。

13　チャーチルの「宗教的な過去世《かこぜ》」

幸福の科学とは「ずっとずっと昔」に関係があった?

里村　前回、チャーチル様の過去世《かこぜ》について、お訊《き》きする時間がございませんでした。以前の幸福の科学の霊査《れいさ》では、「ヨシュアであった」と言われております。

　ただ、その後《ご》も長い時間がございますし、ほかの霊人《れいじん》のなかには、「(チャーチルは)幸福の科学とも縁《えん》がある人だ」とおっしゃる方もおられました(『大平正芳《おおひらまさよし》の大復活』〔幸福実現党刊〕参照)。

『大平正芳の大復活』(幸福実現党)

ヨシュア（前13～12世紀頃）
ユダヤの指導者。出エジプトではモーセの指導を助け、後継者として指名される。モーセ没後、約束の地カナンを攻略、イスラエル12部族に土地を配分した。その戦いの過程は「ヨシュア記」に詳しく記されている。

チャーチル　うん。

里村　チャーチル様は、過去、いったい、どの時代にお生まれになったのでしょうか。

今日、お話をお伺《うかが》いしていて、「武士道」という言葉が出てきましたが、最近、ここ（幸福の科学）に来られる外国の指導者の方（霊）で、「武士道」をおっしゃる方もおられます。

ずばり、チャーチル様には、徳川《とくがわ》のほうに出ていらっしゃったことはございませんか？

チャーチル　うーん。まあ、そのころは、うちが先進国だったのでねえ。そらあ、ちょっと、どうかねえ。

里村　「武士道」とおっしゃいましたので、やはり、日本人としてお生まれに？

チャーチル　うーん。それは、外交上、答えられないね。

里村　いや、おそらく、今のイギリスの外交には、あまり関係はないかと（会場笑）……。こんなことを言うと、たいへん失礼ですけれども……。

チャーチル　やはり、アングロサクソン的にはだねえ、「日本人に生まれておった」というのは、もうひとつ面白《おもしろ》くないので、「もう少し古い時代には関係があった」と思ってくれて、ええんじゃないかな。

里村　例えば、いつごろでございましょうか。

チャーチル　ええ？　ずっとずっと昔さ。

里村　ずっとずっと昔？

チャーチル　「ずっとずっと昔、大西洋に大きな大陸があったときや、太平洋に大きな大陸があったころに、関係があった」というぐらいだったら、よろしいなあ。

里村　ムーやアトランティスですか。

チャーチル　ああ。

里村　分かりました。

あの世で世界各地を指導する立場についたのは「過去の因縁《いんねん》」

里村　では、日本に限らずに、ぜひ、転生《てんしょう》での魂《たましい》のご活躍《かつやく》を、お教えいただければと思うのですけれども……。

チャーチル　いやあねえ、ヨーロッパも、お互《たが》いに喧嘩《けんか》してるから、具合が悪いのよね。「あちらこちらに出てる」っていうことは、あんまり具合がよろしくないんですよ。

だから、うーん。君ら、そのへんは、うっとうしいなあ（会場笑）。

里村　いやあ、後世に、「人間の魂というのは、いかに偉大《いだい》な仕事を遺《のこ》していくか」ということをテキストとして遺さないといけない部分があります。

特に、チャーチル様にお話をお伺いする機会というのは、あまりございませんので、ぜひ……。

チャーチル　うーん。君らには、ちょっと、「日本中心主義」がありすぎるなあ。だから……。

里村　いえ、こちらの質問者の二人（及川と藤井）は、どちらも、海外担当ですから……（会場笑）。

チャーチル　うーん。まあ、わしはねえ、何だか知らんけど、あの世で非常に恵《めぐ》まれた立場にあるんでねえ。今、世界各地を指導できるような立場にあるらしいので、非常に恵まれておるわねえ。それは、君らの言葉で言やあ、過去の因縁《いんねん》だね。

里村　はい。

チャーチル　それがあったのは間違《まちが》いないが、おそらく、そのへんは、イスラエル時代に培《つちか》われたものではないかと思うけどねえ。

つまり、君らの神様が、中東イスラエルのほうを強く指導しておられたときに関係が深くあったと思っていいんじゃないかねえ。

里村　はい。

チャーチル　そう思うがね。

まあ、本当は、もうちょっと言いたいこともないわけじゃあないんだが、やっぱり、イギリスの宰相《さいしょう》として、他国での転生をあまり言うのは、そうずっと望ましくはないんでなあ。何かと望ましくない部分はあるんだよ。

里村　そうですか。その差し障《さわ》りの部分について、もうひとつ理解が……。現役《げんえき》の首相の守護霊《しゅごれい》様であれば、まだ分かるのですけれども……。

ということは、地上にお生まれになっているのですか。

チャーチル　いやあ、もし、私が「エル・カンターレの一部」だったら、どうするんや。ええ？

里村　いや、この場では、ときおり、そういうふうに〝脅《おど》す〟方もいらっしゃるのですが……（笑）（会場笑）。

チャーチル　エル・カンターレだって、少し過去世が足りんだろうが。もうちょっと増やさんと。

里村　いえいえ。チャーチル様は、一九六五年に亡《な》くなっていらっしゃいますから……。

チャーチル　ああ、そうか。こちら（大川隆法）は、五六年に生まれたんか。

里村　ええ。

チャーチル　それは、ちょっとまずいなあ（会場笑）。うーん。まあ、そらあ、多少の誤差はあるわなあ。

里村　ええ。

チャーチル　まあ、わりあいねえ、〝機能〟としては、一部、重なってる部分があると思うんだよ。

先の大戦では、（イギリスと日本は）敵味方だったかもしれんが、光の天使同士で戦わなきゃいけない場合もあったでな。まあ、そういうこともあるんで……。

「古代イスラエル」と「日本」の関係を探《さぐ》る

チャーチル　ただ、日本の神様がたとは、古代イスラエルのほうに、ずっとルーツがあって、実は、交換《こうかん》し合ってる部分があるんで、知り合いだった部分もあるんだなあ。

里村　日本の神様で、特に仲のよい方はおられますでしょうか。

チャーチル　うーん。大川隆法かなあ。

里村　いや、それは（笑）……。神様の上の神様ですから……。

及川　最近、霊言《れいげん》のなかで、「古代イスラエルの神」と、「日本神道《しんとう》の神」とのつながりについての話が、ちょこちょこ出てくるのですが……。

チャーチル　うん。出てるね。

及川　今日、この秘密の一端《いったん》を明かしていただけないでしょうか。

チャーチル　そらあ、無理だなあ。それは、あかんわ。そらあ、駄目《だめ》だ。

及川　もし、これについて探《さぐ》るとしたら、どういう方にお訊きしたらよいのでしょうか。

チャーチル　うーん。まあ、そらあ、大川隆法自身がしゃべる以外ないな。

里村　それは、「今は、そのときではない」ということなのか、それとも、「チャーチル様は、その任ではない」ということなのでしょうか。

チャーチル　うーん。

チャーチルの「転生《てんしょう》の傾向性《けいこう》」とは

チャーチル　わしは、だいたいなあ、救世主《きゅうせいしゅ》が出てくる前に、よく出るんや。そのくらいのころに、よく出るんでなあ。

里村　ええ。

チャーチル　だいたい、そういう時代背景で、よく出てくる。

里村　では、イエス様の前にも……。

チャーチル　うーん。まあ、そういうときに、よく出る魂ではあるんだなあ。だから、君ら、わしを知りたかったら、もうちょっと世界の歴史を勉強したほうがいいかもしらんなあ。

いやあ、意外にねえ、〝優《すぐ》れ者〟なのだよ。

里村　では、最後に、その優れ者の一端を、少しだけでもお教えいただけないでしょうか。

チャーチル　だからさあ、今の君らの歴史の知識のなかには、優れ者がほとんどいないから、寂《さみ》しいじゃないか。昔には、もっと偉《えら》い人がいたかもしれない。

里村　うーん。そうですね。「名前が遺《のこ》る、遺らない」がございますから……。

チャーチル　だろう?

里村　はい。

チャーチル　だからねえ、そのへんが、ちょっと残念だなあ。

里村　なるほど。

チャーチル　昔の世界は、もっと分断された小さな国が多かったのでねえ。田舎者《いなか》ばかりの集まりだったからさあ。今は、世界が一つになるような、大きな世界だからね。

でも、そういう時代もあったんだよ。

里村　ええ。

チャーチル　過去、そういう時代も、たくさんあったんでねえ。だから、意外に、昔にも、世界が国際性を帯びた時代は、いっぱいあったんだよ。ただ、遺ってる歴史が浅いので、分からないだけなんだよなあ。

かつての繁栄《はんえい》が、ヨーロッパに移っていったことぐらいは、君らも習ってはおるんだろうけどもねえ。まあ、そういうところだからさあ。
そういう意味では、かつての繁栄を築《きず》きし者の一人ではあろうねえ。

里村　分かりました。あの、ちょっと……。

チャーチル　分かっとれへんじゃないか（会場笑）。

里村　いやいや（苦笑）。

チャーチル　ああ？

里村　お名前までは……。

ただ、そうおっしゃるということは、お名前が、もう出そうになっていらっしゃる？

チャーチル　まあ、「イギリスがインドを植民地化したのが悪かった」という言い方もあるが、もし、わしの過去世がインド人だったら、どうするんだよ。

里村　そうすると、アショーカ王でいらっしゃいますか。

チャーチル　いやいや、そんなに軟弱《なんじゃく》な王様なはずはない。

里村　え？　では、もう少しあとですかね？　ええっと……。

（聴聞者席《ちょうもんしゃ》から、「カニシカ王」という声）

里村　カニシカ王？

チャーチル　いやいやいや、全然、違う。

里村　では、ムガール帝国《ていこく》とか……。

チャーチル　君らのところに出るはずであって、まだ出てない者がいるはずだ。

里村　インドの王様で、幸福の科学に出るはず……？　ちょっと待ってください。

（聴聞者席から、「シヴァ神」という声）

里村　シヴァ神は、ちょっと……。

チャーチル　勘弁《かんべん》してください（会場笑）。

里村　そうですよね（笑）。

チャーチル　イメージが悪いじゃないか。

里村　ムガールの大帝とか……。

チャーチル　それは、あんた、イスラムのほうでしょう？

里村　はあ。

「エル・カンターレと関係がある」と言った驚《おどろ》くべき根拠《こんきょ》

チャーチル　あんた、お釈迦《しゃか》様のお父さんは、どこへ行ったんだよ。

里村　え？　釈迦国の？

チャーチル　うん。どこへ行ったんだよ。幸福の科学に出てきてるのか？

里村　出てきてない……ですが……。

チャーチル　なんで出ないんだ？

里村　すでに、この世に……。

チャーチル　なんで出ないんだ？　どうして、その理由を探究しないんだ？

里村　なぜ出ないんでしょうか!?（会場笑）

チャーチル　それはね、最近、〝偉大な人〟として生まれて、名前があるから出られないの。

里村　はあ！　では、それが、イギリスにお生まれになったチャーチル様でいらっしゃると？

チャーチル　そうだ。

里村　お釈迦様のお父様であられたシュッドーダナ王？

チャーチル　そう。だから、「縁がある」って言ってるでしょう。出てきてないでしょう？

里村　そういう神仕組《かみしくみ》が……。

チャーチル　いくら調べても、「善川三朗《よしかわさぶろう》（大川隆法の実父）とかいう人（の過去世）が、お釈迦様のお父さんだ」って出てこないでしょう？　ここだけ〝空《あ》いて〟んのよ。

里村　そうなると、非常に緊張《きんちょう》してまいりました（笑）（会場笑）。

シュッドーダナ王（前７世紀頃）
古代インドのコーサラ国カピラヴァスツの釈迦族の王。浄飯王とも。ゴータマ・シッダールタの実父。妻はマヤ夫人（摩耶夫人）。マヤ夫人没後は、その妹マハープラジャーパティーを後妻とした。ゴータマに後継者としての帝王学を施し、息子の出家には反対し続けたが、のちに、５人の比丘を遣わせてゴータマの警護に当たらせたともいわれる。釈尊の成道５年後に亡くなった。
（写真右：シュッドーダナ王、左：マヤ夫人）

チャーチル　だからねえ、「インドを支配することに対する合理性が、一部、ないわけではなかった」とは言っておきたいな。

また、今、「インドを仲間に入れたほうがいい」と言うのには、そういう意味も入っているけどもね。

里村　はい。今日は、大変な秘密の一端を……。

チャーチル　たぶん、君らにとっては、地上での転生《てんしょう》として、アレクサンダー大王を名乗るより、そちらのほうが、宗教的には重いんではないか？

里村　はい。たいへんな重みがございます。

チャーチル　だから、「エル・カンターレと関係がある」って言ってるのは、嘘《うそ》をついてるわけではないんだ。分かる？

里村　はい。

チャーチル　わしの「種《たね》の一粒《ひとつぶ》」が大事だったんだ。

里村　はい。分かりました。

チャーチル　まあ、ちょっと、言い方が悪かったかなあ？（会場笑）

里村　いえいえ。

息子のゴータマ・シッダールタ（右）に対し、シュッドーダナ王（上）は、自らの後継者として育てようと努めたが、人生の真実について思索を巡らせて内省的になるゴータマの出家への思いは止められなかった。（映画「太陽の法」〈2000年公開／製作総指揮・大川隆法〉）

チャーチル　別な言い方がいい。私の魂の「命のしずく」が必要だったんだ（会場笑）。

里村　はい。霊界《れいかい》の秘密をお教えいただきまして、ありがとうございました。

チャーチル　そうでないとさあ、イギリスの宰相が、今、日本に来て、宗教団体に指導に入らなきゃいかん理由はないだろう。

里村　はい。チャーチル様が、指導霊《しどうれい》のお一人として、ずっと指導してくださっていた理由が分かりました。

チャーチル　そうだ。

それに、宗教であるにもかかわらず、国際政治について、非常に詳《くわ》しいし、指導する方向性を決めて、それを出そうとしている理由が何かなきゃいけないわな。

里村　はい。

チャーチル　それは、「（大川隆法に）関係のある人で、そういう立場にあった人がいた」と考えるのが妥当《だとう》でありましょうな。

里村　はい。分かりました。

今、幸福の科学が言論をリードする「宗教的な戦い方」が必要

里村　本日は、世界情勢、特に、ロシアを中心とした、最近の新しい世界情勢について、あるいは、これからの日本のやるべきこと、さらに、転生の秘密までお教え

いただきまして、まことにありがとうございました。
最後に、一言《ひとこと》、メッセージがありましたら、お願いいたします。

チャーチル　早く「中国の野望」は潰《つぶ》さなきゃいけないよ。そして、もう、韓国《かんこく》のああいうのも崩《くず》さなきゃいけない。

これには、やっぱり、国家としての意志の問題があるので、「善悪」がはっきりしてなかったら、はっきりさせなきゃいけない。

証拠《しょうこ》主義で考えてると、後手後手《ごてごて》になる。向こうは、嘘をつくって、押《お》し立ててくるところであるので、証拠主義だけでやってると、負けていくところがあるから、そういう宗教的な戦い方を、多少しなきゃいけない。

だから、あなたがたが言論をリードするっていうのには、意味がある。つまり、あなたがたが、宗教的に、「こうである」と言って、そのあと、マスコミがそれを追うというスタイルは、今、必要なプロセスであるっていうことだね。

「ヒットラーに値《あたい》する者は、中国に出現する人物である。これに備えなさい。それから、韓国が、それに尻尾《しっぽ》を振《ふ》っているのであるなら、その尻尾はちょん切りなさい」と、まあ、そういうことです。

里村　はい。分かりました。本日は、長時間、まことにありがとうございました。

チャーチル　うん、はいはい。

チャーチルの霊言《れいげん》を終えて

大川隆法　何だか意外なものが出てきましたが。

里村　そうですね。

大川隆法　「宗教的なところに関係がある」ということでしたね。

里村　はい。

大川隆法　「救世主が出る前によく出る」という言い方をしていましたが、宗教的な面と、指導的な面と、両方に重なっているのでしょう。霊界ではかなり偉いところにいらっしゃるような感じなので、おそらく、幾《いく》つかの違《ちが》った面が出てくる方なのではないでしょうか。そう思います。

確かに、日本の新しい一宗教への応援《おうえん》にグッと入ってこられたのも、不思議なことではありました。

それは、当会が要的《かなめてき》な役割を果たすことになっているからでしょう。

まあ、そうですか……。（上を見上げて）お父さん、こんにちは！（会場笑）

私も、長らく、「なぜ、いないのかなあ」と、少し不思議には思っていました。

里村　はい。

大川隆法　出てきていませんでしたからね。他の釈迦時代の人たちは、いちおう出てきているのです。「なぜ出てこない？　おかしいなあ。私は〝父なき子〟かな」と思っていました。〝父のいないイエス〟のように、「父なくして生まれたのかいな」といった感じのことを思っていたところがあります。「どうも、一人だけ出てこない人がいるので、おかしい」と。

里村　これまで、「シュッドーダナ王」というお名前は、本当に出てきていませんでしたから。

大川隆法　はい、出てきませんでした。一人だけ出てこない人がいるので、おかしいなとは思っていたのですが、そちらのほうに出ていましたか。うーん。それであったら、今度は親日派になってくださるのではないでしょうか。立派な国をつくって、世界を導けるようになりましょう。

あとがき

最近では何かにつけて、自国に都合の悪い外国の政治指導家を「ヒットラー」の再来風に論じるのがはやりである。「安倍首相」も、「金正恩《キムジョンウン》」も、「習近平《しゅうきんぺい》」も、「プーチン」も、「アサド」も、皆、ヒットラーなのだそうだ。

もっと客観的に冷静に物事は見たほうがよい。

本書では、ウィンストン・チャーチル元英国首相は、現代中国にこそヒットラーの再来が出現することを断言し、それへの備えを強化することをすすめている。

ウクライナの動向についての見識も、多数のマスコミ、外交評論家の意表をつくものであろう。

後から物事の説明をすることはさほど難しくはない。しかし、現在ただ今の現象を判定するにはその十倍百倍の知識と認識力が必要だ。そして勇気と行動力が求められるのである。私も小さいながら、この国に光を点ずる者であり続けたいと願っている。

二〇一四年　三月十一日

幸福《こうふく》の科学《かがく》グループ創始者兼総裁《そうししゃけんそうさい》　大川隆法《おおかわりゅうほう》

『「忍耐の時代」の外交戦略 チャーチルの霊言』 大川隆法著作関連書籍

『民主党亡国論』（幸福の科学出版刊）

『サッチャーのスピリチュアル・メッセージ』（同右）

『守護霊インタビュー 朴槿惠韓国大統領 なぜ、私は「反日」なのか』（同右）

『イスラム過激派に正義はあるのか』（同右）

『トルストイ――人生に贈る言葉』（同右）

『国家社会主義とは何か』（同右）

『H・G・ウェルズの未来社会透視リーディング』（同右）

『公開霊言 山本七平の新・日本人論 現代日本を支配する「空気」の正体』（同右）

『神に誓って「従軍慰安婦」は実在したか』（幸福実現党刊）

『ロシア・プーチン新大統領と帝国の未来』（同右）

『守護霊インタビュー 金正恩の本心直撃！』（同右）

『世界皇帝をめざす男』（同右）
『中国と習近平に未来はあるか』（同右）
『誰もが知りたい菅義偉官房長官の本音』（同右）
『公開霊言　東條英機、「大東亜戦争の真実」を語る』（同右）
『大平正芳の大復活』（同右）

「忍耐《にんたい》の時代《じだい》」の外交戦略《がいこうせんりゃく》 チャーチルの霊言《れいげん》

2014年 3 月16日　初版第 1 刷

著　者　大《おお》 川《かわ》 隆《りゅう》 法《ほう》

発行所　幸福の科学出版株式会社

〒107-0052 東京都港区赤坂 2 丁目 10 番 14 号
TEL(03)5573-7700
http://www.irhpress.co.jp/

印刷・製本　株式会社 堀内印刷所

落丁・乱丁本はおとりかえいたします

ISBN978-4-86395-449-6 C0030

Photo：Popperfoto/Getty Images/時事 /www.kremlin.ru/Wilson Dias/Agência Brasil/
Pete Souza/The White Hous/SIPA

大川隆法霊言シリーズ・最新刊

安倍昭恵首相夫人の守護霊トーク「家庭内野党」のホンネ、語ります。

「原発」「ＴＰＰ」「対中・対韓政策」など、夫の政策に反対の発言をする型破りなファーストレディ、アッキー。その意外な本心を守護霊が明かす。

1,400円

守護霊インタビュー

朴槿惠韓国大統領 なぜ、私は「反日」なのか

従軍慰安婦問題、安重根記念館、告げ口外交……。なぜ朴槿惠大統領は反日・親中路線を強めるのか？ その隠された本心と驚愕の魂のルーツが明らかに！

1,500円

魅せる技術

女優・菅野美穂 守護霊メッセージ

どんな役も変幻自在に演じる演技派女優・菅野美穂──。人を惹きつける秘訣や堺雅人との結婚秘話など、その知られざる素顔を守護霊が明かす。

1,400円

※表示価格は本体価格（税別）です。

大川隆法霊言シリーズ・第二次大戦の真実を探る

民主党亡国論

金丸信・大久保利通・チャーチルの霊言

三人の大物政治家の霊が、民主党政権を厳しく批判する。危機意識の不足する、マスコミや国民に目覚めを与える一書。

1,200円

原爆投下は人類への罪か？

公開霊言 トルーマン
＆Ｆ・ルーズベルトの新証言

なぜ、終戦間際に、アメリカは日本に2度も原爆を落としたのか？「憲法改正」を語る上で避けては通れない難題に「公開霊言」が挑む。【幸福実現党刊】

1,400円

公開霊言 東條英樹、「大東亜戦争の真実」を語る

戦争責任、靖国参拝、憲法改正……。他国からの不当な内政干渉にモノ言えぬ日本。正しい歴史認識を求めて、東條英機が先の大戦の真相を語る。【幸福実現党刊】

1,400円

国家社会主義とは何か

公開霊言 ヒトラー・菅直人守護霊・胡錦濤守護霊・仙谷由人守護霊

民主党政権は、日米同盟を破棄し、日中同盟を目指す！？ 菅直人首相と仙谷由人官房長官がひた隠す本音とは。

1,500円

※表示価格は本体価格（税別）です。

幸福の科学グループのご案内

宗教、教育、政治、出版などの活動を通じて、地球的ユートピアの実現を目指しています。

宗教法人　幸福の科学

一九八六年に立宗。一九九一年に宗教法人格を取得。信仰の対象は、地球系霊団の最高大霊、主エル・カンターレ。世界百カ国以上の国々に信者を持ち、全人類救済という尊い使命のもと、信者は、「愛」と「悟り」と「ユートピア建設」の教えの実践、伝道に励んでいます。

（二〇一四年三月現在）

愛

幸福の科学の「愛」とは、与える愛です。これは、仏教の慈悲《じひ》や布施《ふせ》の精神と同じことです。信者は、仏法真理をお伝えすることを通して、多くの方に幸福な人生を送っていただくための活動に励んでいます。

悟り

「悟り」とは、自らが仏の子であることを知るということです。教学《きょうがく》や精神統一によって心を磨き、智慧《ちえ》を得て悩みを解決すると共に、天使・菩薩《ぼさつ》の境地を目指し、より多くの人を救える力を身につけていきます。

ユートピア建設

私たち人間は、地上に理想世界を建設するという尊い使命を持って生まれてきています。社会の悪を押しとどめ、善を推し進めるために、信者はさまざまな活動に積極的に参加しています。

国内外の世界で貧困や災害、心の病で苦しんでいる人々に対しては、現地メンバーや支援団体と連携して、物心両面にわたり、あらゆる手段で手を差し伸べています。

年間約３万人の自殺者を減らすため、全国各地で街頭キャンペーンを展開しています。

公式サイト **www.withyou-hs.net**

ヘレン・ケラーを理想として活動する、ハンディキャップを持つ方とボランティアの会です。視聴覚障害者、肢体不自由な方々に仏法真理を学んでいただくための、さまざまなサポートをしています。

公式サイト **www.helen-hs.net**

INFORMATION

お近くの精舎・支部・拠点など、お問い合わせは、こちらまで！

幸福の科学サービスセンター

TEL. 03-5793-1727（受付時間 火〜金：10〜20時／土・日：10〜18時）

宗教法人 幸福の科学 公式サイト happy-science.jp

教育

学校法人 幸福の科学学園

学校法人 幸福の科学学園は、幸福の科学の教育理念のもとにつくられた教育機関です。人間にとって最も大切な宗教教育の導入を通じて精神性を高めながら、ユートピア建設に貢献する人材輩出を目指しています。

幸福の科学学園

中学校・高等学校（那須本校）

2010年4月開校・栃木県那須郡（男女共学・全寮制）

TEL **0287-75-7777**

公式サイト **happy-science.ac.jp**

関西中学校・高等学校（関西校）

2013年4月開校・滋賀県大津市（男女共学・寮及び通学）

TEL **077-573-7774**

公式サイト **kansai.happy-science.ac.jp**

幸福の科学大学（仮称・設置認可申請予定）

2015年開学予定

TEL **03-6277-7248**（幸福の科学 大学準備室）

公式サイト **university.happy-science.jp**

仏法真理塾「サクセスNo.1」 TEL **03-5750-0747**（東京本校）

小・中・高校生が、信仰教育を基礎にしながら、「勉強も『心の修行』」と考えて学んでいます。

不登校児支援スクール「ネバー・マインド」 TEL **03-5750-1741**

心の面からのアプローチを重視して、不登校の子供たちを支援しています。また、障害児支援の「**ユー・アー・エンゼル!**」運動も行っています。

エンゼルプランV TEL **03-5750-0757**

幼少時からの心の教育を大切にして、信仰をベースにした幼児教育を行っています。

シニア・プラン21 TEL **03-6384-0778**

希望に満ちた生涯現役人生のために、年齢を問わず、多くの方が学んでいます。

NPO活動支援

学校からのいじめ追放を目指し、さまざまな社会提言をしています。また、各地でのシンポジウムや学校への啓発ポスター掲示等に取り組むNPO「いじめから子供を守ろう！ネットワーク」を支援しています。

公式サイト **mamoro.org**

相談窓口 **TEL.03-5719-2170**

ブログ **mamoro.blog86.fc2.com**

政治

幸福実現党

内《ない》憂《ゆう》外《がい》患《かん》の国難に立ち向かうべく、二〇〇九年五月に幸福実現党を立党しました。創立者である大川隆法党総裁の精神的指導のもと、宗教だけでは解決できない問題に取り組み、幸福を具体化するための力になっています。

党員の機関紙
「幸福実現NEWS」

TEL 03-6441-0754
公式サイト hr-party.jp

出版 メディア 事業

幸福の科学出版

大川隆法総裁の仏法真理の書を中心に、ビジネス、自己啓発、小説など、さまざまなジャンルの書籍・雑誌を出版しています。他にも、映画事業、文学・学術発展のための振興事業、テレビ・ラジオ番組の提供など、幸福の科学文化を広げる事業を行っています。

アー・ユー・ハッピー?
are-you-happy.com

ザ・リバティ
the-liberty.com

幸福の科学出版
TEL 03-5573-7700
公式サイト irhpress.co.jp

THE FACT

ザ・ファクト
マスコミが報道しない
「事実」を世界に伝える
ネット・オピニオン番組

Youtubeにて
随時好評配信中!

ザ・ファクト 検索

入会のご案内

あなたも、幸福の科学に集い、
ほんとうの幸福を
見つけてみませんか？

幸福の科学では、大川隆法総裁が説く仏法真理をもとに、
「どうすれば幸福になれるのか、また、
他の人を幸福にできるのか」を学び、実践しています。

入会

大川隆法総裁の教えを信じ、学ぼうとする方なら、どなたでも入会できます。入会された方には、『入会版「正心法語」』が授与されます。（入会の奉納は1,000円目安です）

ネットでも**入会**できます。詳しくは、下記URLへ。
happy-science.jp/joinus

三帰《さんき》誓願《せいがん》

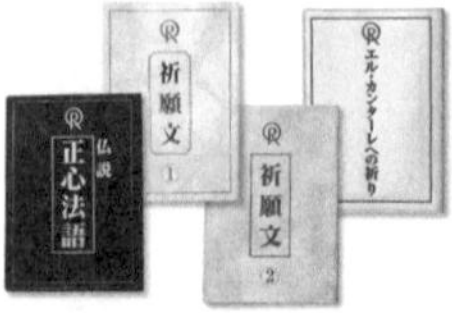

仏弟子としてさらに信仰を深めたい方は、仏・法・僧の三宝への帰依を誓う「三帰誓願式」を受けることができます。三帰誓願者には、『仏説・正心法語』『祈願文①』『祈願文②』『エル・カンターレへの祈り』が授与されます。

植福《しょくふく》の会

植福は、ユートピア建設のために、自分の富を差し出す尊い布施の行為です。布施の機会として、毎月1口1,000円からお申込みいただける、「植福の会」がございます。

「植福の会」に参加された方のうちご希望の方には、幸福の科学の小冊子（毎月1回）をお送りいたします。
詳しくは、下記の電話番号までお問い合わせください。

月刊「幸福の科学」

ザ・伝道

ヤング・ブッダ

ヘルメス・エンゼルズ

INFORMATION

幸福の科学サービスセンター
TEL. **03-5793-1727**（受付時間 火〜金：10〜20時／土・日：10〜18時）
宗教法人 幸福の科学 公式サイト **happy-science.jp**